童門冬二

新撰組の光と影

幕末を駆け抜けた男達

学陽書房

新撰組の光と影

目　次

第二部

新撰組の光と影

はじめに　新撰組の行動原理とは何か

新撰組は佐幕攘夷論者

雑多な職業の任意集団である新撰組の政治思想が何であったか、ということはなかなかむずかしい。まとまった思想を持って行動した集団でないからだ。核になった近藤勇《こんどういさみ》と土方歳三《ひじかたとしぞう》は、この雑多な人びとをまとめていくために、

「局中法度《きよくちゆうはつと》」

という掟《おきて》をつくり、その冒頭に、

「士道ニ背《そむ》キマジキ事」

という項目を設定した。これは、いうまでもなく、

「新撰組に入隊した以上は、前の職業が何であれすべて武士として扱う。したがって、武士の心得に反するような場合には切腹させる」

ということだ。まだ士農工商の身分制が存在していた時期に、あらゆる職業の人間を武士として扱うというのは、いまでいえばいわば身分制解放の面がなかったとはいえない。近藤はそれを望んだ。近藤自身は、農民の出身である。土方もそうだ。近藤と土方あるいは沖田などにもし政治思想があったとすれば、わたしは、

「佐幕攘夷論者《さばくじょうい》」

だったと思う。なぜかれらが攘夷論者だったかといえば、やはり生まれた地域とそこに住む人びとの生活態様による。

近藤は、江戸市中に試衛館という剣術道場を開いていた。よくわからないが、型にはあまり重きをおかない実戦主体の剣法だったという。だから〝丸太ん棒剣法〟などと悪口もいわれた。

たとえ幕末とはいえ、近藤が剣術道場を開いていたのは、やはり、

「自分あるいは門人たちが、この剣法をまなんでしかるべき仕官ができればいい」

と考えていただろう。いわば就職のために開いた道場であったはずだ。

かれの生まれた多摩地域は、開国によってにわかに景気がよくなった。とくに西欧列強が目をつけたのが、日本の茶と生糸《きいと》だった。多摩の八王子を中心にした養蚕地帯は、糸価が騰貴《とうき》し分限《ぶげん》者が多くなった。八王子、多摩から横浜に向かういまの国道十六号線は〝日本のシルク・ロード（絹の道）〟といわれ、多くの生糸商人が出入りした。この景気に目をつけた悪漢たちが、しばしば富裕な農家を襲った。多摩地域は天領である。しかし、代官所も徳川家康の時代に設けられた千人隊（八王子千人同心）も、すでに武技が衰え、治安力が低下していた。いきおい、農民たちは自衛手段を講ぜざるを得なくなった。そのとき目をつけたのが、

「近藤先生に剣術を教えてもらおう」

ということである。土方の姉が嫁いでいる日野の佐藤家や、町田の小島家は、この趣旨に賛同し自分の家の敷地を開放して、道場を建てたりした。ここに、試衛館から近藤・土方・沖田総司《おきたそうじ》・山南敬助《やまなみけいすけ》・永倉新八《ながくらしんぱち》などが出稽古にやってきた。一番乱暴だったのは沖田の稽古で、農民たちは沖田の突きを恐れて、かれに稽古をつけられるのを嫌がったという。

しかしいいことばかりはなかった。当時の日本の物の総生産は、日本人全体の需要量しか生産しない。これが、一挙に生糸と茶が外国に持ち出されてしまうので、値が上がった。が、上がったのは生糸や茶だけではない。他の物価も上がった。とくに米価の騰貴が激しい。悪徳商人も跳梁《ちようりよう》する。

生活苦を訴える一般人は、

「こんなにわれわれの生活が苦しくなったのは、結局開国のせいだ」

といいはじめた。これはある面で理がある。ここに目をつけた攘夷派浪人たちが、

「そうだそうだ」と共鳴し、自分たちの攘夷論の裏打ちとした。

おそらく近藤たちも、江戸にいたころはこの風潮に賛同していたに違いない。やはりかれらの目につくのは、多摩地域における生糸生産者の富裕ぶりよりも、江戸市中における一般消費者としての市民の生活困窮ぶりだ。毎日試衛館内で話し合うことも、

「このありさまをなんとかしなければだめだ」

ということだ。そうなると、やはり渦を巻きはじめていた攘夷論がピッタリとくる。たまたま、第十四代将軍徳川家茂《いえもち》が、京都の天皇に、

「攘夷期限を奉答するために上洛する」

という報が伝わった。そして、東海道をいく家茂の行列とは別に、「東（中）山道に、特別警護隊として江戸市中にいる浪人を公募する」という触れが出た。近藤たちはこれに応募した。いままで親しんだ剣術道場をたたむくらいだから、その心の底には、

「動乱の世に乗じて、一国一城のあるじになりたい」

という戦国時代のような野望がなかったとはいえない。いってみれば、生活のためにこの募集に応ずるということである。しかし、これだけではない。近藤たちはすでに、

「攘夷をおこなわなければ、一般市民の生活苦は救えない」

と考えていた。

近藤たちの律義さ

近藤たちは、多摩という地域に育ったので律義な面がある。というのは、本来の江戸市中で処世術に長《た》けたすれっからしの浪人武士と違って、

「俸禄を与えられたら、忠をもって報いる」

という素朴な考え方をもっていたからだ。幕府は当初募集したよりも、多くの人数を採用したにもかかわらず手当の増額はしなかった。規定の予算の枠内で配分した。これに不満を抱いて、

「約束が違う」

と去っていく浪人もたくさんいた。近藤たちはそんなことはしない。

「いったん自分の意思を表明した以上は、あくまでも守り抜くのが武士だ」

と考えていた。この素朴な考え方が、京都にいってからかれらを、

「佐幕論者」

に仕立てていく。少なくとも新撰組の核にいた近藤・土方・沖田たちからは、

「尊皇論者」

の片鱗は窺えない。新撰組が属した京都守護職《しゆごしよく》の会津藩主松平容保《かたもり》は、当時の大名としては際立った尊皇論者であった。かれは時の帝《みかど》孝明天皇にも信頼され、二度も感状をもらっている。しかし、その容保の考え方が近藤たちにまで伝わっていたとは思えない。近藤たちは、

「松平さまが京都守護職として天皇に忠節を尽くすのは、徳川幕府にもまだこういう大名や軍勢がいるということを、京都の治安維持によって示そうとなさっておられるのだ」

と考えていた。近藤たちは、京都の治安維持に警察力を発揮する。しかし、任意集団である新撰組が、警察活動をおこなうというのは法的根拠がなければならない。同時に、新撰組そのものにも権威が必要だ。

が、いかに新撰組を信頼するといっても、やはり浪人集団であるこの組織に、公的な警察権力を与えることはさすがの容保にもはばかられた。まわりがうるさい。だから半分は認めるような認めないような、はっきりいえば、

「なにか問題を起こしたときは、知らぬ顔の半兵衛を決める」

というようなモラトリアム（態度保留）的な扱いをした。これが、新撰組をいわば、一枚岩にしなかった大きな理由だろう。

一時二百数十人の隊士がいたという新撰組は、当時の大名家の家来数からすれば、優に五万石の大名の規模の軍事力を持っていたといっていい。たとえば、忠臣蔵で有名な赤穂藩浅野家が五万三千石で没落したときの家臣数は、二百三名だったとい

われる。とすれば、新撰組の隊士数からすれば優に五万石級の大名に匹敵する軍事力を持っていたといっていい。

幕府や守護職、あるいは京都所司代などの扱いが曖昧だったから、新撰組は自らの努力で警察力行使のための権威を築き上げた。それが池田屋事件だ。

攘夷論者である新撰組が、なぜ同じ攘夷派の志士たちを襲ったかといえば、当時京都市中における攘夷派浪士の行動には、目にあまるものがあった。つまり、攘夷論を就職や生活費稼ぎのネタとして行動する不埒《ふらち》な浪士がたくさんいた。しかもこういう浪士たちは、富裕な京都の商家に押し入っては、

「おまえたちは、幕府の誤った開国という政策によって利益を得ている。そのために、一般市民が非常に生活苦に陥っている。少しは償いをしろ」

といって、ゆすり・たかりをおこなっていた。潔癖で律義な近藤たちには許せない。

「攘夷論を唱えるのはいい。しかしその方法が間違っていれば、一般市民は攘夷そのものに疑いを持つようになる。こんな連中が攘夷論者なら、その思想内容の底も知れている」

と受け止めてしまう。近藤たちはそれが残念だった。

幕威回復に賭けた夢

しかしふくれ上がってきた新撰組の組織内には、はっきりと、

「尊皇攘夷論」

を唱える者もいた。かつて、近藤たちが東山道特別警護隊として幕府の公募に応じたとき、そこに清河《きよかわ》八郎という出羽庄内（山形県鶴岡・酒田市付近）出身の志士がいた。かれははじめから企てがあって、

「幕府の金で京都にいくが、京都に着いた途端朝廷に嘆願して、この浪人集団を一挙に尊皇攘夷を実行する天皇の親兵に変えていただこう」

と考えていた。だから文久三年（一八六三）二月二十三日に京都に着いた途端、壬生《みぶ》村の新徳寺でこの宣言をした。近藤たちは反対した。反対の論拠は、露骨にいったわけではないが近藤は、

「少なくとも、われわれは幕府から給与を受けて京都にやってきた。そして目的はあくまでもやがて上洛してくる将軍の警護だ。将軍がまだ京都に着いていないのに、

警護隊のわれわれが勝手に解散し、しかも天皇の親兵となって攘夷軍に性格を変えるなどということはできない。約束違反であり、武士にあるまじき裏切り行為だ」

と考えた。清河は逆に近藤たちを、

「裏切り者だ！」

と詰《なじ》ったが、近藤は引かない。かれは、

「清河こそ裏切り者だ」

と思っていたからである。清河のような志士にすれば、近藤の論理など笑止千万だ。つまり、

「われわれの大きな志を実現するために、たまたま幕府の金を使ってやっただけだ。そんなものはありがたいと思う必要は微塵《みじん》もない。志の実現のほうが大事だ」

という考え方である。清河も出羽庄内の清川村（現山形県東田川郡立川町）の裕福な郷士の出身だ。近藤も多摩地域の富裕な農家の出身である。その意味ではふたりともいわゆるプアー（貧乏人）ではない。しかし、発想は違った。

その意味では、思想的には近藤のほうが清河ほど硬質ではなかったかもしれない。近藤の攘夷論は、あくまでも、江戸市中における一般市民の、

「開国による物価高に苦しむ市民たち」

の姿がきっかけになっている。そして、近藤たちには最後まで、いわゆる、

「倒幕あるいは討幕」

の思想はない。単純に、

「日本国の政治をおこなうのは、徳川幕府だ」

と、日本国における唯一の主権者は征夷大将軍が統括する幕府だと考えていた。

これにはほとんど疑いを持っていなかっただろう。それが新撰組の限界だといえば
それまでだが、逆にいえば、これがかれらの、

「不易《ふえき》（変わらないもの、あるいは変えてはいけないもの）の存在」

だったのである。

「不易流行」

ということばを使ったのは、俳聖松尾芭蕉だ。芭蕉は自分の俳風を従来のものか
ら脱皮させるために、この考え方を新しい俳句のコア（核心）においた。

近藤にすれば、突然幕末になって頭をもたげてきた自身の、

「尊皇佐幕攘夷論」こそ、

と思えた。その頑固さが、新撰組をしだいに〝滅びの美学〟に生きる集団に追い込んでいく。しかし近藤たちはそれでも屈服はしない。

「おれたちは正しい」

と信じていたからである。かれらもまた、警察行動に励んで京都の治安を守ろうとしたのは、

「王城の地を守る治安力の主体が、幕府側であるということを認めれば、京都市民の印象もずいぶんと変わってくるはずだ」

と思っていた。尊皇心がないからといって、

「天皇を軽《かろ》んずる」

という考え方はかれらにはない。おそらく近藤の胸の底では、

「天皇は、日本における宗教上の元首だ」

というような見方があったのではなかろうか。したがって、

「政治上の元首はあくまでも将軍である」

と考えていた。そのためにかれが、

「不易の思想だ」

「士道ニ背キマジキ事」

他四条のきびしい規制を設けて、新撰組に秩序を持たせようとしたのは、

「やがては、幕府の一翼になりたい」

と思っていたからだ。これは任意集団である新撰組という種々雑多な職業人から成り立っている組織を、

「公的存在として認知してもらいたい」

ということだろう。これほどいろいろな職業、身分出身の人びとが集まってひとつの集団をつくり上げた例は、日本の歴史では珍しい。しかも、ひとつの行動目標を掲げ、実際にその実績を示した例はあまりない。単発的な反乱とか、あるいは一揆などはあっても、こういうように堂々と、ときの権力側の補完力として動いた例は新撰組だけだ。

しかしだからといって、近藤たちは、「一宿一飯の恩義」を大事にするという、やくざ渡世におけるような論理を実践していたわけではない。かれらは、

「徳川幕府の勢威が回復されるためには、やはり筋を通すことが必要だ。筋というのは、不易（変えてはいけないもの）を守り抜くことだ」

と考えた。たしかに東山道特別警護隊員として幕府から与えられた給与はわずかばかりのものだ。清河八郎がいうように、

「そんな雀《すずめ》の涙ほどの給金に、なぜ犬のようにシッポを振って忠節を尽くさなければならないのだ?」

といういい方は当たっている。しかしその雀の涙ほどの給与に対して、あくまでも忠節を尽くし抜くことが、やがては、新撰組という任意集団が認知され、幕府の公権力行使の一翼を担う立場になれる、そうなれば幕府に対する京都市民の印象が変わることからはじまって、日本全体の見方も変わってくる、というのが近藤の考え方だった。そして、

「そのうえで、徳川幕府の手によって攘夷を実行する」

ということだ。

幕府の衰退が覆いようもなくなった時期に、極端な倒幕論を持たない各藩の実力者たちは、

「平和裡に政体を変革する」

という意味合いで、将軍の大政奉還論を考えはじめた。近藤たちにすれば、

「政権奪取の権謀術策だけが横行して、肝心の攘夷という目的がどこかへふっとんでしまった」

と思えたに違いない。そのために、かれらは意固地《いこじ》になって、

「徳川将軍家のために」

という旗印を掲げて生き抜いていく。これはなにも、最後の将軍徳川慶喜《よしのぶ》のためという意味ではない。最終期における新撰組の考え方は、徳川将軍家を抽象化していた。具体的な人物である慶喜によって示された征夷大将軍の実態は、あまりにも非力だったからである。その意味では、近藤たち新撰組のコアになった人物たちは、

「遠い空に夢をみはじめた」

といえるかもしれない。

「佐幕攘夷論」

というこの時代には、ほとんどの武士が持ち得なかったような考え方を、かれらは最後まで貫いていったのである。しかし所詮《しょせん》それは、現実の政治情勢からはるかに隔たった、まさに遠い空に架かった七色の虹であった。

第一部

近藤勇　リーダーとしての特性

現代人から見て、近藤勇のリーダーとしての特性を拾うと、つぎのような点だ。

〈無から有を生んだ組織力〉

近藤勇は富農出身の剣客《けんかく》である。一流とはいいがたいが江戸の町道場主だ。が、京都でかれが組織した新撰組は、最盛時、三百人前後の隊士がいたという。

となると、これは小さな藩である。三百人の藩士（軍事力）を抱える大名といっていい。近藤はもともと組織人ではない。宮仕えをした経験もない。新撰組は、のちに崩壊するが、これは自壊作用ではなく、時の流れと、母船である徳川幕府の瓦解が原因だ。近藤のリーダーシップの悪さによるものではない。

無から有を生んだ同時代人に、海援隊を組織した坂本龍馬がいるが、このほうは、志のほかに、営利を目的とする面もあって、新撰組にくらべれば、気ごころの知れた人間を集めやすい。が、新撰組には得体の知れない人間もいる。スパイもいた。新撰組の社会における位置は多少不安定（正式の幕臣になるまでは、会津藩預りという中途半端な雇用形態）だったが、とにかく雑多な身分の人間を集団化した例は、江戸時代はおろか、その前にもない。近藤の組織力の卓抜なゆえんだ。

〈隊士は前歴を問わず、すべて「士」として扱ったこと〉

新撰組隊士の中には、武士だけでなく、農工商などの異階層民が入った。前歴を詐称していた者もいたかも知れない。

が、近藤はいったん隊に入った者は、すべて武士として扱った。これは、いわば近藤の信念である。身分平等化といってもいい。このころは、社会全体の身分秩序がかなり乱れてはいたが、まだまだかなりの決断だといっていいだろう。

長州諸隊でさえ、身分差別を完全に払拭《ふっしょく》していなかったことを考えれば、新撰

組のほうが上だ。それだけに、近藤は、隊士が、

「武士らしくふるまうこと」

についてやかましかった。隊則（局中法度）の第一条に、

「士道ニ背キマジキ事」

という条項をかかげているのは、あげて、そのためである。

「過去は問わない。新撰組は誰でも武士として扱う。その代わり、武士らしく生きろ。武士の本分に違《たが》うようなことをしたら、絶対にゆるさない」

という方針をつらぬいた。法度違反は何でも切腹というのは、そのためだ。鉄の規律、血の掟として、その苛酷面だけを責める向きもあるが、農民出身のトップリーダーとしての近藤が、得体の知れない人間たちを何百人も統御していくのには、このくらいのきびしさは当然だ。

むしろ、そういう意識を持てない隊士のほうに問題がある。土方歳三に狙われた河合耆三郎《きさぶろう》斬首事件も、土方にすれば、商人出身の河合が、

「いつまでたっても、商人根性の抜けない奴だ」

と考えたからだ。武士なら当然切腹という栄誉刑にすべきところを、斬首という

屈辱刑にしたのは、せっかくの近藤の方針である、

「武士になりきれ」

ということにそむいて、河合が武士になりきれない、と判断したからだ。つまり、新撰組における、いわば〝身分解放〟の理念を理解しない隊士は容赦なく粛清するという考えだ。

〈リーダーとしての自己研鑽を怠らなかったこと〉

多摩や江戸時代の近藤勇が、それほど学識の深い思想家だったとは思えない。が、京都で新撰組を結成した後の近藤は、よく本も読んだし、習字の稽古もした。のちには、一流の政治家（たとえば後藤象二郎たち）とも交流したし、その識見を讃えられている。現代流にいえば、近藤は、トップリーダーとしての素養を身につけることを怠らなかった。


もともとかれは酒をのまない。甘い菓子が好きだ。そのために胃をこわしている。といえば、大体、その人間性が想像できる。いま、私たちがまわりを見て、

「おれは酒はのまない、甘党だ」

という管理職がいたとすれば、日本的基準では、酒をのむ人間にくらべて、やや器量が小さいという評価をうける。近藤の時代も同じだ。特に、そのころの政局は、京都の花街でまわった。酒と女との席での、虚々実々の闘いだ。

近藤は、そういう場で発言できる〝自分の意見〟を持つために勉強し、そのための自己変革に労を惜しまなかった。試衛館という町道場主から、新撰組局長への止揚を、立場だけでなく、かれ自身が、その立場にふさわしい人間になるための、大努力をしたのだ。この自己変革努力は、現代でもつねにトップ層に求められる。そして、時勢に応じて自分を変えられるリーダーがいる組織は生きのこれる。が、

「おれは別だよ」

と、自分だけは例外だ、とするリーダーのひきいる組織は、必ず自滅していく。その点、近藤の自分を変えようとする努力は、みごとだ。

〈スリコギで重箱を洗う、しかし、いざという時は決断した〉

トップの中には、よく、ヒラと同じ感覚で何にでも口を出さなければ気のすまないタイプがいる。さらに、見ていられなくなると、

「ちょっと、おれにやらせてみろ」

と、手まで出すのがいる。本人はそれで気分がいいだろうが、部下の信望は消える。

「こまかいトップだな」

と思われる。そしてこういうトップを、

「重箱の隅を楊枝《ようじ》でほじくる人」

という。

近藤はちがった。大きくかまえた。内政は副長の土方と各隊長に任せた。隊長は副長助勤《じょきん》を兼ねた。副長助勤というのは副長を補佐することで、局長補佐ではない。それほど近藤は任せた。いまでいう権限の委譲である。

が、いざという時には、近藤自らが決断した。トップリーダーが決断すべき時には、近藤は絶対にその場から逃げなかった。

それは、かれが、

「決断のための過程（会議など）には、誰が参加してもいい。しかし、決断者はつねにひとりだ。それはトップ以外にいない。新撰組のトップはおれだ。したがって、新撰組の重大事項についての決断者は、「おれ以外いない」という自覚を持っていたためである。つまり、決断は責務でもあるが、同時に権利でもある。現代、このへんがわからないリーダーが多い。権限を委譲するといっても、最後まで委譲できないものがあるのだ。それが決断権だ。同時に決断の結果に対する責任である。それを、権限を委譲して、結果がうまくいかないと、

「おれは知らない、あいつに任せたのだ」

と逃げまくる上層部がいる。上層部失格者である。だけでなく、人間として屑だ。

近藤が決断した例は、

一、江戸の試衛館をたたんで（正確には義兄弟の佐藤彦五郎が、留守中の経営にあたった）、浪士隊に参加したこと。

二、京都で、清河八郎が浪士隊東帰を宣言した時、敢然とこれに抵抗したこと。この時は完全に命がけだ。

三、池田屋襲撃の時、もたもたして約束の時間を守らない幕兵に見切りをつけ、単独で斬りこんだこと。

四、伏見戦争の指揮を土方に任せたこと（本人が負傷していたためもあるが）。

五、流山で自首したこと（この意図は、まだ不明なところがあるが）。

等だ。

つまり、新撰組という組織の運営には、

「スリコギで重箱を洗うような」

大ざっぱな姿勢でのぞみ、しかし、決断すべき時には必ず決断する、逃げないという態度をとりつづけた。この姿勢貫徹は、新撰組内の不満派やぐらつき派に、ひとことも文句をいわせなかった。

〈徳川家への忠誠をつらぬいたこと〉

幕府瓦解期には、大名・旗本の間でも、その去就がゆれにゆれた。御三家・親藩の中からさえ、アンチ徳川の挙に出るものもいた。動機が思想上、処世上の別はともかくである。

八・一八の政変、禁門の変、大政奉還、王政復古、鳥羽・伏見戦争、関東・東北・北越・箱館戦争時の各藩の転変きわまりない生き方は、現代の組織闘争そのままだ。

が、近藤勇は、新撰組の行動目的を、

「京都治安のため」

と定め、その心理的基礎を、

「徳川将軍家への忠誠」

において、これを一貫させた。世の中がどれほど変わり、まわりがいかにバタバタさわいでも変えなかった。

「誠」

の一文字は、単に隊旗や隊服のデザインではない。近藤の、新撰組の運営理念なのである。その意味では、西国系の隊士の中には不満に思い、従《つ》いて行けなかった者もいるだろう。

　ここに、近藤の東国人としての特性があり、同時に限界もあった。しかし、近藤が自分自身をゆるぎない者として、いわば〝自己管理〟するためには、この信条がどうしても必要だった。

　そしてまた同時に、それが、武士本来の忠誠心を忘れて、保身のために右往左往する大名や藩などの、既成組織と組織の〝みっともなさ〟に対する、痛烈なアイロニーであった。

「浪人の集まりでしかない新興組織の新撰組が、忠義という武士道の基本を守っているのに、武士の本家であるおまえさんたちが、一体、何というざまなのだ」

という嘲笑と批判が鋭くこめられていた。したがって、

「士道」

を標榜する近藤にとって、

「徳川家への忠誠」

という一点は、絶対にうごかすことのできない座標軸であった。それが得であろうと損であろうと、あるいは亡びの道に直結しようと、そんなことはメじゃなかったのである。

〈不道徳性を自ら実行し、隊士の遊興をとがめなかったこと〉

ものわかりのいいリーダーは多い。が、中には、

「おまえたちは何をやってもいいぞ、しかし、おれはやらない」

というリーダーがいる。これは、部下のほうが困る。何をやってもいいといわれ

ても、リーダーが〝一抜《いちぬ》けた〟で、じっと冷静な目で部下のやることを見ていたのでは、見られているほうが、どうも尻が落ちつかない。しまいには、

「自分だけいい格好をして」

というようになる。さらに、部下の行動が批判の対象になった時、

「わたしは参加していない」

などと、リーダーだけがすり抜けるようなことをすれば、部下たちの不信感は一挙にたかまる。

近藤勇は、そういうヒラ隊士たちの心理をよくつかんでいた。近藤自身が、甘党だったから、よけい、そのへんの心くばりをした。部下との宴会をよくやったし、率先《そっせん》、女あそびもした。

また、休息所という、いわば京都の現地妻との家庭を設け、そこへ通った。このへんは、果たして、部下たちをほっとさせるための管理としてやったのか、それとも、近藤自身にも、そういう、

「女好き」

のソフトな面があったのか、よくわからない。両方だろう。

いずれにしても、近藤のこの、

「不道徳性の実行」

は、隊士に気をゆるませた。いつも緊張し、命がけのしごとをしている隊士にしてみれば、息抜きがなければ身が保《も》たない。当時の京都での息抜きといえば、酒と女しかない。近藤はそれを認めるために、まず自分から道徳の垣をこわした。


度が過ぎて、借金でもすれば別だが、この〝息抜き〟公認は、大体において新撰組運営のよき潤滑油となり、隊士の管理にもいい効果をもたらした。それは、近藤が率先、

「いい思い」

をしたからである。ある意味では、自分からよごれたといっていい。本妻との関係、現地妻の処理等、近藤は近藤の責任でおこなった。誰にも尻ぬぐいはさせなかった。


ただ、先述した河合という隊士の事件（近藤が遊女を身請けするために、公金を使った責任を問われ、斬首された）は問題があるが……。

〈管理態勢に人を得て、役割分担をうまくおこなったこと〉

いかにすぐれたリーダーでも、組織全員をひとりで統率することはできない。トップリーダーは、直接ヒラを統率するのではなく、ヒラを管理する管理者を管理することが大事だ。

漢の高祖は、ヒラには評判が悪かったが、ヒラを統率する将軍たちを心服させたから、かれは天下をとれた。

新撰組の近藤も同じである。こわもてで恐ろしい面さえみせる土方歳三を脇に据え、子守り娘にさえ人気のある沖田総司を一番隊長にするなど、近藤の幹部人事は絶妙である。土方は内部では恐れられ、沖田はほっとさせた。

いわば、近藤は鷹揚なお父さん、土方は相当にきびしいお母さん、沖田はやさしいお兄さん、というところだったろう。

こういうように、自分の長所短所、あるいは土方、沖田の長所短所を知って、うまく組み合わせ、

「チームワークによる管理」

を実行したところに近藤の人間としての器量がある。それは、やはり近藤が、

「自分を知り、他人を知る」

という、

「人間学」

に精通していたためだろう。すぐれたリーダーは、何といっても〝人間通〟でなければならない。その点、近藤はなかなかの、〝人間食通《グルメ》〟であった。

結果として、近藤勇のいいところばかり書いてしまったが、とにかく、一介の浪人が、徒手空拳で三百人もの大集団を組織し、ひっぱっていったということは、そのことだけで歴史の驚異なのだ。

近藤勇　壬生の狼たちの四季

夏……池田屋事件

懶《もの》い。暑い。

すでに五つ（午後八時）は過ぎた。約定《やくじよう》の刻限は、とうに過ぎたのである。

絶え間なく流れる祇園《ぎおん》ばやしの音が、街の喧騒《けんそう》の底に沈み、それが、ひとつのバックグラウンド・ミュージックになって、ひしめく人々を懶い気持ちにさせる。

近藤勇《いさみ》は、目を開いたまま、腕をじっと拱《こまぬ》いていた。一刻（二時間）あまりそうしている。会所《かいしよ》の役人が据《す》えた床几《しようぎ》の上に腰を下ろしたまま、身じろぎもしない。

目は、人の動きのはげしい往還《おうかん》に据えているが、その視点の行く先は虚《うつ》ろだ。何かを見ているのではないのである。

近藤の脇には、沖田総司《そうじ》（新撰組一番隊長）、永倉新八（同二番隊長）、藤堂平助（同八番隊長）、近藤周平（七番隊長谷三十郎の弟。老中板倉勝静《かつきよ》の斡旋《あつせん》で、近藤勇の養子となっていた）の四人が控えている。

いずれも、浅黄色の羽織の袖口を白くダンダラに染めぬいている。赤穂浪士の吉《き》良邸《らてい》討ち入りのときの装束《しようぞく》だ。しかし、史実によれば、赤穂浪士の討ち入り時のいでたちは、火事装束だったというから、この羽織の淵源《えんげん》は芝居の忠臣蔵から思いついたものであろう。

「名を売るには、まず格好《かつこう》からだ」

そう断言する副長土方歳三の発案である。

（みっともねえったらありゃしねえ）

近藤は面映《おもはゆ》い。第一、こんな格好で斬り合いができるのか。

「照れてる場合じゃねえぞ。新撰組が売り出すかどうかの瀬戸際だ。お前さんが範を示してくれなければ困る」

いやがる近藤に、この宣伝効果満点の羽織を着せて、土方は近藤を送り出した。

そのあと、自分も、すぐ四国屋という旅宿に向かう。

四条小橋畔の古道具屋枡屋《ますや》喜右衛門（近江《おうみ》の志士古高俊太郎《ふるたかしゅんたろう》）を責めて吐かせた情報では、

「烈風の夜、京都御所に火を放ち、慌《あわ》てて参内する尹宮《いんのみや》（中川宮朝彦親王。青蓮院宮《しょうれんいんのみや》、賀陽宮《かやのみや》などと、とにかく十回ぐらい名を変える。一時、孝明帝の謀殺をはかったといわれ、その行動は不可解なことが多い）と松平容保《かたもり》（会津藩主。京都守護職。当時、東山山麓黒谷の金戒光明寺《こんかいこうみょうじ》に本陣を置く）を斬る」

という企てをしていた尊攘派の浪士群が、御所に火をかける烈風の夜を待っているという。

「太《ふて》え野郎だ……」

土方は呟《つぶや》いた。そして、近藤を見て、

「斬りこもう。新撰組が売り出すいい機会だ」

と微笑《ほほえ》んだ。近藤は黙って土方を見返したが、その豪胆《ごうたん》振りには腹の中で舌を巻いた。

　いまの京都は、

「下より出る叡慮《えいりよ》（天子のお考え）」

　といわれるとおり、志士の天下だ。食いつめ浪人が口に攘夷を唱えるだけで、肩で風を切って歩いて行く。一藩勤王、一藩佐幕という、藩単位の力の激突にはまだ至らない時代である。〝個〟が活発に活動していた。朝廷などそのいきおいにおされ、御所内の学習院を開放して、浪士たちの意見開陳の場所にしたほどだ。

　御所に火をつけ、一挙に尊攘派の勢力挽回《ばんかい》をねらう浪士群は、縄手通りの四国屋か三条小橋畔の池田屋に集結するという。

　京都の冬は寒く、夏は暑い。その夏の暑さにやられ、百人あまりいる隊士の大半が腹をこわし、熱を出した。

「しまらねえ野郎どもだ。肝心のときになんだ」

　土方が怒声をあげたが、下痢《げり》を起こした隊士たちは、凹《くぼ》んだ眼をキョロキョロと面目なげに動かすのみだ。

「使える隊士は三十四人だ」

絶望の声をあげる土方に、近藤はいった。

「おれに五人くれ。残りは預ける」

ばかな、という目を土方はしたが、近藤は首を振った。そして、

「おれは池田屋だ……」

そう告げた。

浪士集結の報は、新撰組を預かる会津藩にも伝えた。守護職松平容保《かたもり》は実弟の京都所司代桑名定敬《さだあき》と相談のうえ、会津、彦根、松山、淀《よど》の各藩兵とさらに京都東西両町奉行所役人の出陣を決めた。総兵力三千。祇園《ぎおん》、木屋町、三条通りなど要所要所を固め、蟻《あり》一匹逃さぬ布陣をした。

布陣をしたが、それだけである。池田屋にも四国屋にも踏みこまない。遠巻きにしてじっと動かないのである。

「野郎ども、おれたちを見殺しにする気か？」

気の短い永倉が怒りに目を血走《ちばし》らせる。

「いや、お手並み拝見というところだろう」

藤堂がにやりと応ずる。三千の軍勢は、新興人斬り集団新撰組の観衆なのか――

ダンダラ羽織はその興味をそそるのになんとふさわしいことか。

食うことの辛《つら》さを経験した浪人たちらしい隊士のひがみ話を聞きながら、近藤は一人、別なことを考えていた。

（おれが、これから斬るのは、攘夷浪士だ）

その一事がずっと頭の隅《すみ》で小さな渦《うず》を巻いている。

新撰組といえば佐幕派のコチコチで、幕府の手足となった、浪人警察団と思われがちだが、実態は違う。

近藤勇以下新撰組隊士は、すべて攘夷論者なのである。攘夷といえば尊王と結びつくが、当時の思想状況は、そんな単純なものではない。尊王と佐幕、攘夷と開港、討幕と公武合体が複雑に結合している。

安政の大獄の立役者井伊直弼《なおすけ》は、尊王開港論者であり、孝明天皇は攘夷公武合体論者である。松平容保は、尊王・公武合体論者である。そして、新撰組局長近藤勇は、攘夷・公武合体論者なのである。

つまり、思想的には孝明天皇の考えと一致する。奇異に感じる向きがあるかもしれないが、これは新撰組の名誉のために強調しておきたい。

（江戸市谷《いちがや》柳町のボロ道場試衛館《しえいかん》を廃して京都に来たのも攘夷のためだ。清河《きよかわ》八郎一派が江戸へ戻ったときも同調せず、京都に残留したのも攘夷のためだ……）

近藤は新撰組結成以来のおのれの行動をふりかえる。時代の渦が生んだ突然変異物のような〝壬生《みぶ》の狼《おおかみ》〟の、きびしい市中警護ぶりに、幕府はいくたびか近藤を幕府直参《じきさん》にしようとした。そのたびに近藤は断った。

「幕臣になったのでは、攘夷の志が遂げられなくなる」

断りの口上はいつもきまってこう告げた。

攘夷――すなわち、日本近海にウロチョロする異国船を追っぱらうことが、近藤の何よりの望みであった。

（その同志をおれは斬る……）

攘夷討幕と攘夷公武合体の思想差がそうさせるのである。

「踏《ふ》ん切《ぎ》りどきだぜ」

近藤の胸のうちを知る土方は、そういう。近藤だけに通ずることばである。土方は、とうに佐幕派だと自己を割り切っている。自分個人の思想を貫くより、新撰組という新生集団の、この世への位置づけ、定着化に力のすべてを注いでいるようだ。

土方の興味は、いまの言葉でいえば、新撰組の経営であろう。

「局長」

沖田が寄ってきた。目が促《うなが》している。江戸の試衛館からの弟子で、新撰組の中でも、剣はこの青年がいちばん強い。

そういえば、永倉新八も藤堂平助もみな試衛館の門人だ。道具を担《かつ》いで、よく多摩川沿いの村々へ、農民たちに剣術を教えに通ったものである（服部之総《しそう》氏の『新撰組』は、近藤一門と農民とのこの結合を、ひとつの層として論じておられる）。

（浪士を斬るのはいい、しかし、それが、おれにとって、とりかえしのつかぬ道を歩むことにはならぬだろうな……）

堂々めぐりなのだ。堂々めぐりなのだが、近藤の思考は、先刻から同じ所を行ったり来たりしている。

（……新撰組は、攘夷達成のための仮のネグラだ。深入りすると、どうなるか）

いちばん気にかかることなのだ。近藤勇は、いま、ひとつの岐路《きろ》に立っていた。その岐路は、近藤の生涯の中でも、そういくたびも逢着《ほうちゃく》するものではなかった。

「局長……」

沖田が再び促した。近藤は床几《しようぎ》から腰をあげ、組んでいた腕を解いた。

「行こう……」

重い声である。隊士四人の面上にサッと緊張の色が走る。

「三千の軍勢は、おれたちを黙視傍観ですか？」

たまりかねたように永倉が喚《わめ》いた。近藤は静かに首をふる。

「違う。折角の機会だ。新撰組に名をあげさせてやろうという会津様の親心だ」

四人は失笑した。近藤の言葉を痛烈な皮肉と受けとったらしい。しかし、近藤の諧謔《かいぎやく》が隊士の緊張をゆるめた。

「死にゃあいいのさ」

藤堂平助がへらへら笑う。近藤は、幕を支える会所役人の手の下を、会釈《えしやく》ぬきで通り、往還に出た。人の群れは宵《よい》と同じである。名高い〝祇園祭〟をひとめ見ようと、京都の人間だけでなく、諸国の人間も入りこんできている。ひといきれと、熱をもった大地の吐息との混合が、少しも町の空気を冷やさない。

近藤は歩き出した。異様な隊服の群れに、〝お〟というような面持ちでふりむく者もいたが、近藤勇はずんずん歩く。歩きながら、

（会津様は、本当に新撰組に手柄をたてさせる気なのだ……）

と思った。永倉への答えは、決して皮肉でも冗談でもないのである。近藤は、京都守護職松平容保を信じていた。

――筆者はかねてから、清河八郎派から分かれた近藤一派が、京都に残留し、守護職に微意を開陳したとき、なぜ、会津藩がやすやすとその申し出を了とし、この浪人集団を保護したのか疑問に思っていた。

過日、松平容保から四代目にあたる当主松平保定《もりさだ》氏にお目にかかり、この点、うかがってみた。松平氏は、「近藤勇とは、江戸時代から知りあいだった、と聞いています」と答えられた。つまり、江戸の試衛館時代にも会津藩は近藤たちの面倒をみていたというのである。それが事実なら筆者の積年の疑問は解ける。――

守護職預りとはいえ、新撰組は会津藩士でもなければ幕臣でもない。実力のほどはおのが手で示せ、ということであろう。そのかわり、周囲は水も洩《も》らさぬ布陣をしてやる、それが浪士どもへの大きな威圧になるであろう――近藤は、三千の軍を配して、じっと馬上で目を光らせている松平容保の気持ちを、このように理解した。

だから——実をいうと、近藤の胸は温かい。よき庇護者に見守られている自信がある。

（かならず、会津様の期待にお応《こた》えする）

浪人集団〝人斬り新撰組〟を、この京都にしっかと定着させようとする、土方経営学とは多少違う。近藤の胸底には、松平容保との間に、やはり一本の信頼の小橋が架《か》かっていた。

三条大橋を東山側から渡り、渡りきるとすぐ小さな川が流れている。高瀬川だ。この高瀬川に架かっている橋が三条小橋である。その三条小橋からおよそ十メートルの位置に、旅宿池田屋（主人惣兵衛。事件直後、町奉行所に引かれた）がある。めざす敵陣である。

〝物乞《ものご》い〟に変装した隊の監察《かんさつ》（密偵）山崎烝《すすむ》が寄って来た。内部二階に三十数人集まっているという。

「土方さんの来援を待ちましょう」

と、袖をひいた。五人ではどうにもならない。近藤は首をふって歩きつづけた。

そのまま、池田屋の腰高障子をひきあけた。

「御用改めである」

ビーンとひびく大声で告げると、二階から走り下りてきた浪士を一刀のもとに斬り殺した。元治元年（一八六四）六月五日午後十時のことである。

――打込候者は、拙者《せっしゃ》始、沖田、永倉、藤堂、倅《せがれ》周平今年十七歳、右五人に御座候。一時《いっとき》（二時間）余の間戦闘におよび候処《ところ》、永倉新八の刀は折れ、沖田総司の刀はぼうし折れ、藤堂平助の刀は刃切出ささらのごとく、倅周平は槍を切り折られ、下拙《げせつ》の刀は虎徹《こてつ》ゆえに哉《か》、無事に御座候。追々土方歳三勢駈けつけ――

とは、事変後の七月付の、江戸の養父近藤周斎に出した近藤勇の手紙の一節である。

これによると、当初、池田屋に斬りこんだのは五人だ。多くの映画・テレビは、この点少し勇ましく扱いすぎている。ただし、虎徹云々《うんぬん》のくだりは、

「今宵《こよい》の虎徹は、よく切れるのう」

という筆者幼年時代の名セリフを思い起こさせるのに十分である。とにかく五人は猛烈にあばれた。山崎が浪士たちの刀を隣室に片づけてしまった

せいもあるが、この夜の戦果は、
即死七人（長州吉岡松助ほか一、土佐石川潤次郎ほか二、肥後宮部鼎蔵《ていぞう》、播州大高又次郎）、自殺二（長州吉田稔麿《としまろ》、土佐望月亀弥太《もちづきかめやた》）、傷死四（長州杉山松助ほか一、土佐野老《ところ》山《やま》五吉郎、肥後松田重助）、捕縛二十三人、
とある。〝三条小橋の変〟ともいわれ、この事件のために明治維新は一年遅れた、とまでいう人もいる。とすれば、この夜、新撰組が討幕派に与えた損失は大きい。
これに対し、新撰組の損失は死傷三（奥沢栄助、安藤早太郎、新田革左衛門）だけだ。藤堂と永倉が傷を負ったともいう。
おもしろいのは、残敵や逃亡浪士捕縛に当たった会津、彦根、桑名、淀《よど》の各藩が、それぞれ五人、四人、二人と死者を出し、手負いにいたっては会津三十四、彦根十五、他それぞれ少々と損失をこうむっていることだ。この点では、新撰組はあきらかに、〝職業殺人屋《プロフェッショナル》〟といえる。
この夜を境にして、バイロンのいいぐさではないが、ひと夜あけると新撰組は、もはやきのうの新撰組ではなかった。人斬り警察団として、はっきり位置づけられたのである。

〝壬生《みぶ》の狼《おおかみ》〟――新しく新撰組につけられた綽名《あだな》であった。

「壬生の狼……か、ありがてえ」

たかまった名を手放しに喜ぶ土方にくらべ、近藤の心はどこか重い。やはり、攘夷浪士を多数殺傷したという悔恨《かいこん》が澱《おり》となって胸の中に残ったのである。

秋……長州訊問《じんもん》

広島、国泰寺《こくたい》本堂。慶応元年（一八六五）晩秋――

雨が降っている。天候に人の心が支配されるとは思いたくないが、近藤勇《いさみ》の心は、その雨の陰鬱《いんうつ》さ、冷たさに影響されている。

近藤勇は、いま、近藤内蔵助《くらのすけ》と名を変え、広島にいた。長州訊問使《じんもんし》永井主水正《もんどのしょう》の近習《きんじゅう》として、京都から派遣されたのである。永井のボディー・ガード兼長州の内情探索という二つの密命を負っている。

派遣されたのは、近藤のほかにもう三人いる。伊東甲子太郎《かしたろう》、武田観柳斎《かんりゅうさい》、尾形俊太郎《しゅんたろう》である。伊東は新撰組参謀、武田は五番隊隊長、尾形は隊士である。揃って共通点がある。三人とも、新撰組の文学師範を兼ねているということだ。

つまり、隊士の学問上のリーダーなのである。伊東は北辰《ほくしん》一刀流の使い手だが、武田は出雲《いずも》の医者あがりで、古い軍学を講じ、尾形は根っからの学者だ。永井の身辺警護という点からいうと、はなはだ心もとない人選ではある。

「よりもよって、なんでそんな奴等《やつら》を連れて行くんだ？」

出がけに土方が眉《まゆ》を寄せた。近藤は黙して答えない。

「学者ばかり集めやがって、いざというとき、大丈夫か」

念をおす土方はいつになくくどい。それだけ近藤の身を心配しているのだ。

「大丈夫だ……」

何も斬りあいをしに行くわけじゃねえ、近藤はそういった。

去年（元治元年）の夏、近藤たちの斬りこみで潰滅《かいめつ》の憂目《うきめ》にあった京都尊攘浪士群の敗残の報は、日本中に流れた。京都しんせんぐみの名は、あわせて流れた。

「しんせんぐみ……しんせんぐみ」

突如出現したその人斬り集団の名は、くさむらを渡る風のように、諸国の志士の口の端にのぼった。

激昂《げっこう》したのは長州だった。池田屋で、土佐とともに最も多くの被害を受けている。

高杉晋作《しんさく》ら自重派（もっとも、このころ高杉は無断脱藩の罪で、萩《はぎ》市内野山獄《のやまごく》にあった。京都にいる慎重派桂小五郎は、なぜか信望がなかった）の反対を蹴って、松陰門下《しょういんもんか》の逸材久坂玄瑞《くさかげんずい》まで参加する長州軍は、一挙に京都まで押し寄せ、御所に迫った。長州勢力の挽回《ばんかい》である。しかし、会津・薩摩を軸とする防衛軍は強く、長州は敗退した。〝禁門の変〟とよばれるこの敗戦で、長州は第一次征伐を受け、京都へ進んだ家老三人に腹を切らせ、戦わずして、降伏した。

その長州が再び妄動《もうどう》している。高杉晋作率いる奇兵隊の蜂起《ほうき》で、藩政は再び討幕派が握った。桂小五郎も長州に戻り、佐々木男也、波多野金吾、佐世八十郎、山県半蔵らとともに思うような政《まつりごと》を行っているという。

降伏の際、破却したはずの山口城も再び修復したという。

村田蔵六《ぞうろく》（のちの大村益次郎）という奇怪な男が香港《ホンコン》へ行って銃砲を買いこんだ、という報告が諜者《ちょうじゃ》からきている。

「何を企《たくら》んでいるのだ？」

幕府の疑惑は深まる一方である。ここで長州の不穏な動きを見逃せば、然《さ》らぬだに（そうでなくてさえ）幕府を舐《な》めはじめている諸藩への影響も好ましいものではない。幕府は長州再征を決意した。

正使に永井主水正《もんどのしょう》を命じ、まず、訊問に出発させる。ここで長州が恐れ入れば、一挙に長州の領地を十万石に減らしてしまおうという考えである（長州、長州というが、じつは長州というのは長門《ながと》の国のことで、周防《すおう》の国を合わせた長防二州が毛利家の領地である）。

関ヶ原戦のあとで、西軍に味方した罪による大削封《さくほう》をもう一度くりかえそうというのだ。訊問は宣戦布告に先立つ必要手続きであった。

が――

長州側の応答は相当にとぼけていた。第一、出てきたのが宍戸備後助《ししどびんごのすけ》（介）という男で、近藤たちの調査によれば、宍戸備後助などという重臣は長州にいない。この点問いただすと、

「近頃、養子に入ってござる」

そう答えた。

村田蔵六の件は？　と問うと、

「彼地《かのち》（香港）で死没いたしました」

「山口城修復の儀」

「修復など滅相《めっそう》もござらぬ」

「では、見分しよう」

「いや、その儀は御辞退つかまつる」

「藩政をほしいままにする高杉、桂ら八人の不逞《ふてい》の士を引き取りたい」

「全員すでに死亡つかまつった」

「その証拠は？」

「死んだのが何よりの証拠でござる」

話にも何もならない。馬鹿にし切っている。

（この野郎、相当のタマだな……）

訊問室（宍戸備後助記すところの『接幕記事』によれば、十六畳の部屋に、床の間を背景に正使永井、副使戸川〈鉾三郎〉、松野〈孫八郎〉が並び、両脇に徒目付《かちめつけ》三人、小人《こびと》目付五人、芸州藩家老野村帯刀《たてわき》、用人遠藤佐兵衛が控えている。一面を廊下に囲まれたこの部屋に、宍戸は単身で入った）の隣から、細目にあけた襖《ふすま》の間を透して宍戸を凝視しながら、近藤は心の底からそう思う。呆《あき》れるほど度胸がいい。しかし、その度胸のよさを支えているのは、ひとつの信念である。

信念――それも討幕という信念である。

一年前まで、討幕派は討幕という考えの上に攘夷という理念を付けていた。

「幕府ではとうてい攘夷はできぬ。幕府を倒して、攘夷のできる政府を新しくつくろう」

いま流にいえば、そういう合言葉が尊攘討幕派の理念であった。

(だが……その尊攘という考えが、どこにいってしまったのか)

異国を逐《お》うという攘夷論はいつのまにか消えて、いまは、ただ、討幕という手段だけが残った。しかも、その手段が目的になってしまっている。

(どこか違う……狂っている)

近藤の偽わらざる感懐である。

しかし――そうは思うのだが、近藤には急旋回した長州や薩摩をとがめるという気が起こらない。

長州や薩摩はイギリス艦と砲撃をまじえる、という文字どおりの攘夷を行って、手痛い目にあった。

薩長は途端に攘夷をやめた。やめたどころではない、いまは坂本龍馬《りようま》という風来坊の仲介で、そのイギリスから大量の銃砲や軍艦を買いこんでいるという。単独開港をぬけぬけとやってしまったのだ。

（いったい、どういうことになっているのだ？）

近藤には理解できない。

あれほど日本を騒がせ、国論とまでなっていた〝攘夷〟を、いとも軽々と捨ててしまったのである。信じられない時の流れの急変に、近藤は、しかし、その遠因を、自らの行為に求めるのである。

（池田屋がその原因ではなかったか……）

池田屋に集まっていたのは、純粋な攘夷論者ばかりであった。

（その浪士を、おれは斬った）

しかも多数。

もちろん、日本の攘夷論者は何千何万といる。たかが三十人ばかりの志士を殺したところで、形成された世論が強固なものならば、微動だにすまい。

が——

近藤勇は、彼自身が攘夷思想の持ち主なのである。公武合体、倒幕の差こそあれ、同じ理念としての〃攘夷論者〃を殺したことへの自責の念は、あの日以来、胸の中で急速に進行している。それは一年半の間にかなりの圧迫を内部から近藤に与える。

その圧迫感に堪《こら》えられずに、時に、

(おれが池田屋であれほど斬ったために、純粋な攘夷論は潰《つい》えてしまったのではないか)

とまで思いこむことがある。新撰組の行為の過大評価なのだが、近藤にしてみれば、不自然ではない思念の帰結なのである。

祇園会所《ぎおんかいしょ》で、池田屋へ斬りこむ寸前、

「この斬りこみは、おれにとってとりかえしのつかないことになるのではないか」

と考えた。あの危惧《きぐ》がやはり形を成した、という思いがして仕方がないのである。

広島の雨は、その意味で、近藤の胸の中をますます暗くした。事実、近藤はもう公武合体論者の位置にはいない。世間では佐幕も佐幕、それもかなり狂信的な佐幕派として扱われてしまっている。幕府に敵対するものはすべて斬る――それが巷間《こうかん》に伝えられている新撰組の印象であった。

「新撰組は京都の治安維持に当たっている」

と告げても、その凄《すさ》まじい殺人ぶりに、それを信ずる者はいない。

「新撰組は攘夷論者の集団だ」

そんなことをいったら、おそらく噴き出されるだけだ。

近藤勇は知っていた。宍戸備後助というこの男の答えがすべてでたらめであることを。

村田蔵六は香港に曳航《えいこう》した船を売り、その代金で銃を買い、洋船を買った。山口城も昔日のごとく完全に修復された。

さらに――宍戸の大嘘《おおうそ》は、引き渡しを要求された高杉たち八人の志士の死亡においてその極に達していた。尾形と武田は調査の末、驚くべき事実を近藤にもたらしていた。

すなわち、高杉晋作は国政方に在籍し、桂は藩政務役主席、佐世八十郎は蔵元役、波多野金吾は用談役、太田市之進も健在、村田蔵六にいたっては長州国軍の編制に狂奔しているというのである。

この事実を、なぜ宍戸は全員死亡といったのか。八人の侍は名前を変えていたのである。高杉をのぞくほかは、すべて正式に改名してしまっていた。
桂　小五郎——木戸貫治
太田市之進——御堀耕助
佐世八十郎——前原一誠
波多野金吾——広沢兵助
というのがその一例である。
近藤には想像を絶したことだ。武士が名を変えて生きる——その底に燃える討幕という怨念《おんねん》がそうさせるのだとすれば、その火の何と妖《あや》しく不気味なことか。
（狂っている……）
まさに狂っている、と近藤は断じた。そして、
（おれだけでも、攘夷の考えは守っていく。最後まで守っていく）
と改めて決意するのであった。
第二次長州征伐は、薩摩の脱退で幕府の敗退となる。薩摩はすでに坂本龍馬の仲介で、長州とひそかに軍事同盟を結んでいたからである。
長州訊問から帰った近藤は、松平容保《かたもり》に、

「何とぞ長州に寛典《かんてん》を」

と奇怪な嘆願をしている。

長州を強圧すれば、長州は蜂起《ほうき》し、幕府を窮地に追うという、第二次長州征伐の結末をすでに予見していたのかもしれない。あるいは、ただ広島の雨が近藤をそういう気持ちにさせたのか――。

宍戸備後助というとぼけた侍が、じつは、山県半蔵の変名であることを近藤は京都に戻ってから知った。

冬……鳥羽・伏見

蟻《あり》のような敗兵の群れが、蜿々《えんえん》と淀《よど》の堤を、川の上を引きあげて来る。一万五千の幕兵がたった二日間の戦いでもろくも敗れた。

空は灰色で重く、雲の重なりの圧力がそのまま敗兵の胸にのしかかってくる。

何という正月であろうか。徳川の治下に生きた人間で、このような暗い正月を迎えた者があっただろうか。大坂城へ、大坂城へ、とにかく幕軍は引きあげる。

新撰組もその中にいた。開戦時、百五十人いた隊員もいまは五十人足らずに減ってしまった。薩長の銃砲の前には、ふりまわす刀など何の役にもたちはしない。

「これが戦《いくさ》か」

炸裂《さくれつ》する砲弾に次々と虫のようにからだを裂かれて死んでいく姿は、見る者にそう疑わせる。刀を直接相手のからだにたたきつけて、その身を割る、という闘争方法に馴《な》れた新撰組隊士にとっては、余計その感が深かった。

銃を射ち、射たれるという加害、被害の関係は、加害者の場合、直接手を下したという思いが遠ざかり、間接的になるだけに、被害者の受けた傷は、それだけに悲惨になるのかもしれなかった。

銃を戦争に使うという方法は、すでに信長の時代に、設楽原《したらがはら》の連子《れんご》川畔においで試みられたはずなのに、長い泰平は、武器をすら二百数十年の間に、再び刀槍《とうそう》の次元にまで押し戻してしまっていた。つまり、武器の発達は完全に停止していたのである。

いま、京都から大阪へ出る美しい道路（伏見街道）沿いに、御香宮という大きな社があるが、新撰組は、鳥羽・伏見戦のとき、この御香宮の下にあった伏見奉行所に陣を布いた。

官軍は、その新撰組に対し、御香宮から大砲を射ちこんだといい、その地形も、山の上から山麓に対して射つようだった、というのだが、その地理的関係は、現在ではよくわからない。

刀をふりまわすくらいではとうてい届かぬ位置からの攻撃に、新撰組は、たちまち多くの死傷者を出し、潰滅《かいめつ》寸前の憂目《うきめ》をみた。他の幕軍も同様である。

「畜生《ちくしょう》、卑怯《ひきょう》だ」

「こんな戦ってあるか！」

腕をふりあげての怒声《どせい》も、結局はゴマメの歯ぎしりでしかない。隊士は土方歳三に率いられて、淀《よど》の長い堤を、割りきれぬ憤りを街道中に撒《ま》き散らしながら撤退した。

近藤勇は、このとき、大坂城内にいた。

隊から分離した伊東甲子太郎《かしたろう》一派の残党の狙撃《そげき》にあって、肩に怪我《けが》をしたからである。鳥羽・伏見の開戦も敗戦も、終始、大坂城中の矢狭間《やざま》の間から凝視《ぎょうし》した。

鳥羽・伏見戦は、薩摩の挑発に幕府が乗ったために起こった。道理はむしろ幕軍のほうにあったろう。その道理を超え、圧したのはイギリス製の銃器であった。攘い入れていた。

夷の最も端的な対象であったはずのイギリスから、討幕派は、膨大な量の銃弾を買

（わからねえ……）

近藤は憮然《ぶぜん》と呟《つぶや》くのである。

長州訊問使《じんもんし》に随行したときからの疑問が、いまはとどめようもないほどふくれあがってしまっている。

時の潮というものが、この世にあるのはわかる。しかし、その流れる方向がいつも正しいとはかぎらない。たとえば、現在の流れ方がそうだ。近藤には納得できない。偽《いつわ》りの流れ方をしているような気がする。

だから、いずれは、国論であった攘夷の方向に戻るであろうということが、つねに近藤の気持ちの底にあった。その意味で、現在の政情は間違っている。いや、心ならずも仮《かり》の流れ方をしている――というのが、近藤勇の時勢の認識であった。

ところが――

このごろ、近藤は、時に、

（世の中は、このまま、押し流されてしまうのではないか……）

そう思って慄然《りつぜん》とすることがある。誤ったまま、仮の姿のまま、それがいつの間にか実の姿、正しい姿として定着してしまい、人々が抵抗なくその姿、流れ方を受けとめ、定着してしまうのではないか、という恐れなのである。

新撰組参謀伊東甲子太郎《かしたろう》は、長州訊問《じんもん》の旅から戻ると、まもなく隊から脱退した。ぞろぞろ同調者が出た。藤堂平助、斎藤一《はじめ》などの隊長クラスも加わった。

近藤は、この伊東一味を油小路で斬った。伊東を自分の妾宅《しょうたく》に、甘言をもっておびき出し、したたかに酔わせて、その帰途を闇の中から襲った。その死体を四ツ辻にひきずり、オトリにして残党を誘い出し、これを惨殺するという卑劣な方法をとった。

あと味は極度に悪く、当夜のことは、拭いようのない自己嫌悪《けんお》の発生源として、いまも近藤の胸の中でどす黒い噴煙をあげている。

（なぜ、あれほど無残な方法で、おれは伊東を斬ったのだろうか……）

近藤は自問する。しかし問うまでもない。答えははじめからわかっている。

伊東甲子太郎は、近藤の最も痛いところを突いたのである。新撰組の攘夷不実行、近藤の言行不一致を指摘したのである。

いくら口でうまいことをいっても、新撰組は佐幕派の人斬り集団だ。伊東にすればいつまでも籍をおくところではない。

脱隊という行為によって、伊東は、近藤の攘夷論者だという事実も否定したのである。その断定が、近藤に異常な憎悪《ぞうお》を抱かせたのだ。

公的には隊規違反だという名目は立つ。しかし伊東を斬ったのは、どこまでも自分のそういう私感情ではなかったのか、と近藤は反芻《はんすう》し、自己を厭《いと》う気持ちに苛《さいな》まれる。

その思念に追い打ちをかけたのが、近藤を襲った伊東一味の残党の狙撃《そげき》であった。幸い生命には別条はなかったが、近藤の心理的打撃は大きかった。伊東の怨念が死後も近藤を責めているように思えたからである。

(やはり、おぬしの攘夷はみせかけだ……口先だけだ)

肩の傷はうずくたびに、そう咎《とが》めつづけた。

鳥羽《とば》・伏見《ふしみ》の戦いは、そんな時期に起こった。したがって、このときの近藤の受けとめかたは半ば上《うわ》の空であったといえる。

これは、仮《かり》の戦いだ、本当の戦いは、伊東の問題を心の中で処理し切ったときからはじまる——相も変わらぬ仮の真《まこと》の考えが、この非常の際にも近藤を支配した。

だから、土方が敗残の身を、

「面目ねえ……」

と、城内に現したときも、近藤は、

「仕方がねえ」

とひとこと応じただけであった。本当の戦《いくさ》は、おれが江戸でやる——近藤はそう思っていた。

が——不敗を誇った新撰組にとって、伏見の敗戦は、遁走曲《とんそうきょく》の序曲であった。榎本武揚《えのもとたけあき》指揮の幕艦に乗って江戸に逃れたあと、甲府城乗っ取りに行って、そこで土佐軍に敗れ、再び江戸に戻ったときは、もう隊の体裁は整っていなかった。隊を編むには、すでに、あまりにも多くの隊士が死に、逃亡してしまっていた。

「会津に行こう」

土方がいった。

松平容保《かたもり》は、官軍に降服した将軍徳川慶喜《よしのぶ》にあいそをつかし、領地に帰っていた。もちろん、主戦派の容保は、慶喜から登城停止の処分を食ってはいたが。

土方の申し出に、近藤はなぜかためらった。会津へ行くことは、自分を完全に佐幕派の位置におくことである。おそらく、そこがこの世に生きる最後の地になるであろう。

死んだあと、この世に残る自分の痕跡《こんせき》は、佐幕派の狂信的な領袖《りょうしゅう》ないし徹底抗戦派の人間としてだ。攘夷論者近藤勇としての爪跡《つめあと》はどこにも残らない。

（なぜ、いつまでも未練たらしく、おれは攘夷にこだわるのか……）

近藤は焦れるように自問《じ》する。ひとつの思想をかたくなに保つ不器用さに腹が立つ。攘夷を旗印にして幕府まで倒した討幕派諸藩が、とっくに攘夷など捨ててしまっているではないか。だが、近藤の心には、最後まで孝明天皇の意を体し、

――尊攘・公武合体――

という路線を守りつづけた松平容保の信条が、わがことのように体内に焼きついているのである。

「……立派な大名だ」

まだ若い、しかし、端正《たんせい》な容保の姿の中に、近藤は真の武士を見出すのである。

その容保がかたくなに守りつづけるのが、攘夷・公武合体の信念だということが、

どれほど今日までの近藤を支えてきたことか。

「おれは……残る」

会津には行かない、という近藤に、土方は、一瞬、憤りを目の底から噴きたてるような悲しさを見せた。そして、

「よかろう」

とうなずき、

「形見をくれ」

といった。近藤は印籠《いんろう》を渡した。土方は、まだ散りなずんでいた少数の隊士を連れて、宇都宮から日光、会津へと転戦しつつ、去った。

そのあと、近藤は、下総《しもうさ》（千葉県）流山《ながれやま》に出た。抗戦派の小名・旗本の群れが、このあたりに自然に屯集《とんしゅう》していたのである。

そして――

四月二日（慶応四年・一八六八）、近藤は、有馬藤太という薩摩藩士の指揮する官軍に捕らえられ、直参《じきさん》大久保大和《やまと》だといい張ったが、官軍の中にいた一人の軍曹にその正体を見破られた。軍曹は、油小路で殺しそこない、しかも近藤の肩に復讐の

銃弾を射ちこんだ伊東甲子太郎一派の残党の一人であった。

土佐陸援隊長中岡慎太郎《しんたろう》の後輩で、中岡横死《おうし》後、陸援隊をひきうけた土佐軍監谷《たに》守部《もりべ》（干城《たてき》）は当時、板橋に布陣していたが、このときの近藤のことを、

「古今の笑談《しょうだん》なり。まことに名高き近藤勇、寸兵《すんぺい》を労せず、縛《ばく》につきしも、また古狸《こり》の数のつくると一轍《いってつ》なり」

と、その手記であざ笑っている。

板橋の東山道軍本営にひかれた近藤は、ここで、寛典《かんてん》論を唱える薩摩と、極刑論を唱える土佐との、確執裡《かくしつり》に行われた軍事裁判で、結局、斬首の刑をいい渡された。池田屋と、さらに、坂本・中岡両人の暗殺も新撰組のしわざとみる土佐軍のはげしい憎悪とその報復心に、薩摩は押しきられてしまったのである。

もちろん、討幕派志士をドブネズミのごとく追いまわした剣鬼《けんき》近藤勇を、薩摩がなぜ寛典論で救おうとしたのか、その理由のほうがはるかに疑問ではあるが。

春……快受電光三尺剣

近藤勇―右者元来浮浪ノ者ニテ、初メ在京新撰組ノ頭《かしら》ヲ勤メ、後ニ江戸ニ住居

イタシ、大久保大和ト変名シ、甲州並ビニ下総流山ニオイテ官軍ニ手向イイタシ、アルイハ徳川ノ内命ヲ承リ候等ト偽リトナエ、容易ナラヌ企ニオヨビ候段、上ハ朝廷、下ハ徳川ノ名ヲ偽り候次第、ソノ罪数ウルニ暇《いとま》アラズ、ヨッテ死刑ニ行イ梟《きょう》首《しゅ》セシムル者ナリ――

慶応四年四月二十五日に、近藤は、板橋の刑場で首を斬られ、その首は京都に送られて、右のような高札《こうさつ》を添えられて三条河原に曝《さら》された。

京都は、かつて、近藤がダンダラ羽織をひるがえし、かれの部下である〝壬生《みぶ》の狼《おおかみ》〟たちが、席巻《せっけん》しまくった地である。

高札の文は、土佐藩の新撰組首領に対する憎悪がむき出しである。

しかも――近藤を一介の浪人として扱っている。新撰組のもっていた警察団としての法的性格はいっさい無視し、黙殺している。幕府の公的機関と認めれば、その行動はすべて合法となる。それは、土佐にとって許せない。新撰組の暗殺・屠殺《とさつ》が、合法であったとは絶対に思いたくないのだ。

高札では、官軍に抗した罪を鳴らし、徳川の内命を受けたなどというのは、嘘《うそ》っ八だと告げている。

幾多先輩のすぐれた新撰組関係の著作を前にしながら、臆面もなく、筆者もまた幾編か新撰組を素材にした小説を書いた縁で、以前、北海道のある方から長いお手紙をいただいたことがある。

近藤を流山で捕らえた、薩摩藩士有馬藤太のお孫さんにあたるという。近藤は立派な男で、有馬氏は最後まで近藤を斬刑にすることに反対し、刑が確定するや、かなり憤ったという(この件は、子母澤《しもざわ》先生の『新選組始末記』にも詳記されている)。

ともあれ、近藤は初夏の日に、板橋に散った。

近藤の墓は、板橋駅前、三鷹市内、京都誓願寺、岡崎と諸所にあるが、筆者がいちばん印象深く、また胸をうたれて眺めるのは、会津市郊外東山温泉入口左脇にある天寧寺《てんねいじ》山腹の墓である。

天寧寺は松平家累代《るいだい》の墓所だ。ひとつの丘全体を一族の墓にあてているが、いまはあまり訪ねる人もなく、筆者が訪れた朝は、山腹の笹《ささ》の中から、筆者の足音に驚いた大きな山鳥が三羽もとび立って、こっちのほうが驚いた。

左端、会津市内を一望におさめるところに松平容保の墓があり、近藤の墓は、ずっとその左方になる。土方歳三《ひじかたとしぞう》の建てたものだという。近藤の首や胴が会津にあるわけはないから、おそらく印籠《いんろう》か何か近藤が身につけていた物を埋めたのであろう。松平容保の脇に、ひっそりと死してのちも侍《はべ》る近藤勇——かれの永遠に眠る土地として、それはいかにもふさわしい。近藤の胸中を知る土方の措置もあたたかい。

太宰治《だざいおさむ》流の表現をとれば、

〝会津の山には、近藤勇の墓が、よく似合う〟

ということになろう。

そして土方は、やはりいちばん近藤を知っていたと思うのである。容保がそのとき、まだ存命でもいずれは天寧寺に眠る身であったのだから——。

容保——近藤——土方。

そこには、消えることのない、美しい男同士の信頼がある。

孤軍援絶作二俘囚《ふしゅう》一　顧念二君恩一涙更流　一片丹衷能殉レ節　睢陽《すいよう》千古是吾儔

靡レ他今日復何言　取レ義捨レ生吾所レ尊　快受電光三尺剣　只将二一死一報二君恩一

近藤勇の辞世である。

芹沢鴨　道化役を演じた男

生まれてすまぬ

芹沢鴨《せりざわかも》は、

「おれは、水戸天狗《てんぐ》党の残党だ」

と自称したという。普通、ナントカの残党だという場合は、母体となったナントカが大きな事件を起こして、生きのびた連中がよく〝残党〟だといわれる。豊臣の残党とか、新撰組の残党とかのようにだ。

が――芹沢鴨の場合は、この物差しをあてると、天狗党の残党にはならない。というのは、水戸天狗党が筑波《つくば》山上で反旗をひるがえし、戦運かならずしも利がなくて、京都をめざして日本史に稀《まれ》な〝大長征〟を敢行するのは、元治《げんじ》元年（一八六四）四月のことだからだ。

新撰組が結成されたのは、この一年前の文久三年（一八六三）春のことだから、天狗党本党はまだ結党もしていないし、筑波山で挙兵するのも、芹沢鴨が暗殺されてからほぼ七ヵ月後のことである。ただ、当時の水戸藩は、身分の高い門閥派と低い尊攘派に二分されていがみ合い、門閥派は身分の低い尊攘派を軽視して天狗派と呼んだ。

だから、芹沢鴨の言は、正確には、

「おれは、天狗党員であった」

と受けとるべきだろう。

芹沢鴨というのはもちろん変名で、出羽《でわ》（山形県）庄内《しょうない》清川村の郷士斎藤元司がその生地をとって清河八郎と名乗ったごとく、芹沢も生地の常陸《ひたち》国芹沢村（現茨城県行方郡玉造町）の郷士だったので土地の名をつけたという。しかし、丹念な研究者の調査によれば、それも怪しいという。子母澤寛《しもざわかん》先生によれば、芹沢の本名は木村継次だが、新撰組副長助勤の永倉新八によれば下村継次だという。
一方、芹沢というのは変名でなく本名で、芹沢鴨の次兄の子孫が茨城県石岡市におられるともいう。しかもこの芹沢家は名家で、逆に木村とか下村とかいう姓には関係がないそうだ。

攘夷思想の持ち主であるという点では、文久三年（一八六三）に結成された浪士組について異論はないが、一面かれらが〝食いつめ浪士〟であり、まだまだ〝一国一城〟を夢見るロマンと野望を追う人間の群れであったことは否《いな》めない。自分の過去を粉飾するのは当然である。

浪士組から分かれ、創始した新撰組の初代複数局長のひとりであった芹沢鴨が、事実、どのような過去、素姓《すじょう》をもっていたとしても、正直にいってぼくにはあまり過度の詮索癖《せんさくへき》はない。

ぼくにとって芹沢鴨は、〝天狗党の残党〟であるよりも、幕末の〝ロマンの残党〟としてのイメージが強いからである。この世のいっさいを夢と見、その夢の中で一匹のバクとして生きぬいた芹沢鴨が、果たして実像であったのか、虚像であったのか、おそらく芹沢自身が気づいてはいまい。なぜなら、変名ひとつとっても、〝鴨〟

という名そのものに、何とユーモラスなロマンが託されていることか。

では、それにしても芹沢鴨はなぜ、自分が選んだ志の集団、〝天狗党〟から去って浪士組に身を投じたのであろうか。

最大の原因は、芹沢鴨が自意識過剰で含羞癖《がんしゅうへき》があり、文久三年ころには完全に現代の対人恐怖症、赤面恐怖症に陥っていたことである。

新撰組局長になってから、芹沢は、気の合う新見錦《にいみにしき》や配下の平山五郎、平間重助たちによく、「天狗党では、おれは藤田の小倅《こせがれ》とまったく意見を異にした……」と語った。

これは意見を異にしたのではなく、気質を異にしたのだ。芹沢の気質は、いまでいえばB型のタイプで、他人の感情を非常に大切にする。自分の胸の中にはいくつもの襞《ひだ》があって、人間関係のいろいろな喜怒哀楽がすべてひっかかる。特に他人の気分を損じる原因が自分であってはならない、といつも気をつかう。それだけ自身の〝生〟に自信がないのだ。

だから、天狗党内で侃々諤々《かんかんがくがく》、意見を戦わすときほど芹沢にとってつらいことはない。まして若僧の藤田の小倅（小四郎のこと。藤田東湖《とうこ》の四男。才気煥発《さいきかんぱつ》、天狗党挙

兵の首謀者）から、

「芹沢君、さっきから無言のようだが、きみの意見は？」

などと指名されると、とてもたまらない。顔は赤くなり、頭に血が上り、胸の鼓動はまさに早鐘を撞《つ》くようで、その響きでからだ中がゆさぶられる。人前でものがいえない人間に、ものをいえと迫るほど残酷な刑罰はない。

藤田小四郎は、つねにそういう残酷な人間であった。

（だから、おれは天狗党からとびだし、水戸を出た）

新見たちには話さない本当の理由を、芹沢はそう思い浮かべる。

藤田小四郎には、かれ自身が自慢する一幅《いっぷく》の自画像がある。ドカベン少年のようなバンカラ少年の画が描いてあって、

「断髪蓬頭夜叉《ほうとうやしゃ》のごとし、いわずして識《し》るべし、これ藤田」

と自賛してある。

ひとめ見て芹沢は、

（臆面《おくめん》もなく、恥ずかしい）

と、ひとごとながら頭をかかえる。

人間はもう少し教養深く生きたい、服装はともかく、精神のほうは多少のお洒落《しゃれ》をしてほしい、というのは、そのころの芹沢鴨のいつわらざる気持ちであった。たとえ、攘夷と開国という、日本が遭遇している国難に対処するための二大国論の潮流の中に身をおいても、人間のディテール（細部）だけは大事にしたいと願う芹沢にとって、藤田小四郎のような無神経さは、まさに倶《とも》に天を戴かざる徒であった。

が——それを理由に水戸を脱し、江戸に来て、たまたま知った幕府の浪士募集に応募して採用され、経歴から「取締付」といういわば本部員になってから、ここに集結した浪士どもの神経をみると、ディテールどころのさわぎではなく、〝精神的物乞《ものご》い〟そのものであることを知って愕然《がくぜん》とした。

（これは、藤田のほうがよっぽどマシだ。藤田には品性があった……、こいつらには品性のカケラもない）

というのが、芹沢鴨の幕府浪士組に対する第一印象であった。

おれは昔のおれならず

しかし、いったん、浪士組に籍をおいた以上、醜《みにく》い浪士の真似《まね》をして、〝一抜《いちぬ》けた〟というわけにはいかない。逆だ。芹沢のもつ思想と精神の清浄さによって、このドブネズミたちを変質させなければならない。それにはそれができる地位がいる。地位を得るのには、もういままでのように〝対人恐怖症〟の蔭で、はにかんでいるわけにはいかない。なりふりかまわず、自己の存在をドブネズミどもに知らせなければならない。

「その特効薬は何だ、おれをそういう人間に変えるのは何だ?」

と、芹沢鴨は必死で考えた。まったく逆の人間におれを変えてくれる妙薬はないものか。いや、あった、あった、酒だ、と芹沢は、突然酒の存在に手を打った。そして、思い立った日から酒杯をはなさなくなった。

文久三年(一八六三)二月四日と五日の二日間にわたって浪士たちは江戸の小石川(東京都文京区)伝通院の処静院《しょせいいん》に集結し、支度金《したくきん》をもらって、同八日、総勢およそ二百四十人が江戸を出発した。

出発時から芹沢はベロベロに酔っぱらっていた。特製の鉄扇もつくった。

「尽忠報国ノ士芹沢鴨」

と彫りつけた三百匁《もんめ》（一・一二五キログラム）もある重い鉄扇である。これをやたらにふりまわし、気にくわない浪士をポカポカなぐりつけた。

「何をするか！」

と、なぐられたほうはとびかかってくるが、芹沢は、

「何をいうか」

と、もう一度なぐりつけた。

浪士たちは閉口し、しだいに芹沢を敬遠した。芹沢は、まず、「乱暴者」として有名になった。しかし、その芹沢は鉄扇で浪士をなぐりとばすたびに、

（おれは、昔の、おれならず）

とつぶやいた。昔、他人の気持ちをあれほど尊重した芹沢は、いま、鉄扇で浪士をたたきながら、自分の胸の中のそういう〝やさしさ〟もたたきこわしていた。そうしなければこの浪士隊で生きていけないと思っていた。

そして、その芹沢をもっと有名にする事件が起こった。浪士組が本庄（埼玉県）

の宿場に着いた日である。

猿が島の猿のように

素面《しらふ》で歩くのと酔って歩くのでは、疲《つか》れぐあいが心身両面で相当に違う。過去の自分に別れを告げ、まったく新しい芹沢鴨《せりざわかも》のイメージづくりに、酒を媒体に使っていた芹沢は、さすがに本庄に入ったときはヘタヘタに疲れていた。

ところが、宿場に着いて、浪士組取締の鵜殿甚左衛門《うどのじんざえもん》をはじめ山岡鉄太郎、松岡万《よろず》の旗本たちはもちろん、七つの隊に分けられた隊士のすべてに、おぬしはそこ、おぬしはここ、と宿が割りあてられたのに、芹沢のところにはいつまで待っても何もいってこない。

腰に下げた瓢《ひさご》の底に残っていた酒をあおると、「ようし、わかった」と、芹沢は大きく呼吸した。空気をいっぱいに吸いこむと、宿場の大道のど真中に立ちはだかり、突然、大声でどなった。

「浪士組取締付、尽忠報国の士芹沢鴨である！　おれの宿はどこか！」

宿場は一瞬シンとした。さあ、大変だ、という空気が浪士たちの間に流れた。皆、解きかけていた旅装もそのままに、店前や二階の廊下に出てきた。手すりは浪人の顔で鈴なりになる。

するとと、文字どおり衆人環視《かんし》の中を、ひとりの朴訥《ぼくとつ》な浪人が芹沢のそばに走り寄った。身をかがめて礼をしながら、

「取締付手伝いの近藤勇と申します」

と、誠心を面上にみなぎらせて名乗った。

「近藤さん？　私に何か用か」

「本隊に先行して、この宿場で宿の割りふりを命ぜられた者です。申し訳ありません、先生の宿を失念いたしました。お許しください」

近藤勇は必死に謝《あやま》った。その姿をジロリと見ながら、芹沢は、

（ああ、この男は本心で謝っているな）

と感じた。だから昔ならすぐ、

「いいよ、いいよ、近藤さん、気にするな。どうだ？　きみの部屋にいっしょに寝かせてくれんか」

といっただろう。しかし、いまの芹沢は違う。目的がある。それには格好の事件

だ。芹沢は、勇気をふるい立てて、

（おれは、昔の、おれならず）

と、胸の中で呪文《じゅもん》のように唱えた。そして急に、

「ハッハッハ、そうか、忘れたか！　尽忠報国の士、この芹沢鴨の宿を忘れたか。いや、結構、結構！」

と大笑した。とにかくいまは自分の名を連呼する作戦であった。

「平間、平山！」

と、二人の子分をよび出し、あたりから材木を集め、焚火《たきび》をはじめた。

「今夜は、ここで野宿する。夜は冷えこむぞ、大いに火を焚《た》け」

と、燃やすものが足りなくなると、あたりの家の窓の桟《さん》や、塀をこわして投げこむ。炎は高く上がり、火の粉がとんで危なくてしかたがない。宿場は役人の指揮で全員水桶をもって、初期消火態勢をとっている。

近藤勇は、こんなことになったのもすべて自分の落度だと責任を感じ、

「このとおりでござる」

と、ついに道の上にすわっておじぎした。しかし芹沢は、

「いや、おかまいなく。われらは焚火にあたって一夜を過ごすから、近藤さん、あんたは自分で確保した宿で、ゆっくり風呂にでも入ってヌクヌクと寝なさい」

と、憎々《にくにく》しい。近藤は、江戸で試衛館《しえいかん》という剣術道場を営んでいて、今回はその道場をたたんで参加したから、浪士組には何人かの弟子がいる。その弟子たちは、さっきから、「いわせておけば……近藤先生の忍耐にも限りがある」と目から憤りの色をほとばしらせて、ほとんど刀の柄《つか》に手をかけんばかりの姿勢でいる。そういう師匠思いの姿も芹沢はちゃんと見ている。

だから心の中では、

（近藤さんよ、あんたの誠心はよくわかっているよ。おれはひとつも怒ってはおらんのだよ。しかし、怒ったフリをしつづけなければならんのだ……猿が島の猿のようにな。そうだ、おれは皆に見られている猿なのだ。それも道化猿だ……）

と哀しい声をあげていた。

この事件は結局、山岡鉄太郎が出てきて、「芹沢先生、このうえ無体をおつづけになるのなら、拙者《せっしゃ》、もはや任を貫く自信がない。職を辞して江戸に帰るが、よろしいか」

と芹沢につめよって落着した。

「山岡先生をクビにしたのでは、申し訳が立たんな」

と、ようやく芹沢も折れたからである。こうして芹沢は、自分の名をあげる目的を達したが、近藤勇一味は〝屈辱《くつじょく》の夜〟として、恨《うら》みを残した。特に近藤の門人土方歳三は、

（この野郎、いつかたたっ斬ってやるからな）

と、殺意を固めた。

走れ鴨

一度、自分の手で〝違う自分〟というものをつくり出してしまうと、あとはその維持だけに力を注げばいい。生みの苦しみ、陣痛は酒でごまかしてしまったから、芹沢鴨は、自身の変身にそれほど苦しまなかった。

しかも、新しい自分の維持は、その酒が手を貸してくれた。早くいえば、いつも酔っぱらっていればよかったのである。

（こいつは、まったくいい方法を見つけた）

と、心底、芹沢は喜んだ。

「酔生夢死」ということばが、実感をもって芹沢の脳裡《のうり》に浸《し》みこんだ。

（うまいことばだ。たしかに、人間、死ぬときは素面《しらふ》でいなければならねえってことはねえんだ……）

と、目からウロコが落ちたような解放感をおぼえる。〝厳粛な死〟などという、死に対する倫理、すなわち酔って死ぬことの罪悪感から、芹沢は解き放たれたのである。

（おれは、酔っぱらって死のう）

そう覚悟すると、もうそのあとのことはどうでもよかった。何が起こっても、「小《ち》せえ、小《い》せえ」と、大乗的な気分になれる。

京都に入った浪士組は、夢に描いた都とはおよそ縁遠い畑と林のど真中、壬生《みぶ》村の一角に宿を与えられた。得体《えたい》の知れないこの集団を、徳川幕府京都支店の駐在員たちは、どう扱っていいかわからなかったからである。

壬生寺斜《なな》め前の新徳寺（現存）を本営とし、大郷士八木氏（現在菓子司）、前川氏（代は変わって製袋業）の邸《やしき》などを分宿所に借りた。

ここで清河八郎は、「われら浪士組は、天皇直属の攘夷《じょうい》軍となる！」という大アジ演説を行った。

清河の策が成功して、天皇から勅諚《ちょくじょう》をもらい、浪士組は再び江戸に帰ることになったが、このとき、

「初志を貫く」

といって残留したのが近藤勇以下、試衛館一門である。芹沢鴨はこれに同調した。このときも酔っぱらっていた。だから自分が何をいい、何をしているかは深く考えない。あとで反省したり、自己嫌悪《けんお》に陥りそうになると、すぐまた酒を飲んで酔っぱらってしまう。

自分を苦しめる想念は、だからいつも酔いの壁で防いでしまう。狡《ずる》い自己管理なのだが、芹沢はこの方法にしがみついた。

芹沢が残るといい出したので、近藤たちは「ええっ」と驚き、かつ露骨に嫌な顔をした。が——このときの芹沢は、むしろ近藤勇に好感をもっていた。本庄宿であれほど誠心をみせて謝《あやま》りつづけた近藤の人柄に、感心していた。ホレたといってもいい。

（何とか、こいつを盛り立ててやりたいな）

と、ずっと思っている。だから前後の考えもなく、おれも京都に残る、と宣言したのだ。さらに芹沢の考えはこうである。

（近藤たちは、その生地がそうであるように、まるで玉川のアユだ。清流の魚だ。水がきれいならすいすい泳げるが、水が濁《にご》れば死んでしまう。そこへいくと、おれは常陸《ひたち》の沼の魚だ、ナマズだ。ちょっとやそっと水が濁ったからといって、簡単には死なない。そこで、近藤たちがこれから何をやるのか知らないが、何をやってもいい、おれは沼のナマズに徹する。よごれたこと、みにくいことのいっさいの泥をひっかぶってやる。だから、近ちゃんよ、おまえたちは死ぬまでアユとして、澄んだ川の中で生きろ）

藤田小四郎と論争していたころの芹沢にくらべれば、格段の変化であった。水戸にいたころは、むしろ、芹沢自身が〝清流〟主義者だったからだ。

しかし——芹沢のそんな深層心理は近藤たちにはわからない。本庄宿の一件で、とにかく芹沢には憎悪をまじえた悪感情をもってしまっている。しかも、それはもう簡単には溶《と》けない凝固物になっている。芹沢という人間を見る視座が固定してい

いた。だから、

るので、それ以上の理解を深めようなどという努力は、近藤一派はとうに放棄して

（この乱暴者が一緒に残るのか）

と、近藤たちは不快感をあらわにした。

清河、山岡らに率いられて、浪士群が江戸へ帰ってしまうと、壬生村は一陣のつむじ風が去ったのにも似て、再び静かになった。しかし、いつまでもその静かさを満喫《まんきつ》しているわけにはいかず、残留組はさっそく就職運動をはじめた。そして京都守護職会津《あいづ》藩預りの治安維持隊が誕生する。〝新撰組〟という隊名も決まった。

この間、会津藩重役と相当強引な交渉をしたのは、芹沢鴨である。会津藩重役は、熟柿《じゅくし》のようなにおいを座敷中にまきちらしながら、大声というより喚《わめ》き声で交渉する芹沢に、はなはだしい悪印象をもった。

（この男は、典型的なユスリ浪人だ）

と思った。それにひきかえ、近藤勇には、ほとほと感じ入るほどの好感をもった。

（この近藤が隊長になってくれれば、どれほど頼もしいことか）

壬生の屯所《とんしょ》に上機嫌で戻って、その隊長人事で一揉《ひとも》めした。試衛館側は主に土方

歳三が交渉員として出たが、芹沢側は芹沢が自分で出てきた。頭から、「局長（隊長）は、この芹沢と新見錦《にいみにしき》だ」という。

「いや、近藤さんだ」

と土方も譲らない。押し問答の末、芹沢は、

「それじゃあ、皆、局長だ！」

といい出した。

「えっ？」

と、驚く土方に、

「芹沢、近藤、新見の三人が隊長を務める」

「ひとつの隊に、隊長が三人もいるなんて話は聞いたことがない」

「聞いたことがないから、新しい実験をする」

と、芹沢も酔っぱらっているから譲らない。思わず近藤の顔を見ると、近藤は、黙ってうなずいた。土方は、

「わかった。それでは三人の方に局長をお願いする。しかし、局長をそちらで二人おとりになったのだから、副長はこっちで二人いただく、私と山南敬助《やまなみけいすけ》君だ」

と、抜け目なく副長を確保した。

「ああ、いいよ」

と、芹沢は鷹揚《おうよう》にうなずき、

「その代わり、おれの方の平山、平間たちも、ちゃんと格好《かっこう》をつけてやってくれな」

と、これも素早く自派の人間を幹部に売りこむ。

こうして派閥均衡人事が決まると、芹沢は、

「さて、こんどは金だ。といっても、近ちゃんたちには、そういう真似《まね》はできまい。おれが強請《ゆす》ってくる」

と、隊士を七人連れて大坂に行き、鴻池《こうのいけ》の店で二百両押借りした。鴻池では最初渋《しぶ》ったが、内緒で大坂奉行所に照会すると、

「たしかに会津様預りの浪人だ」

という返答なので、それではと金を出した。その間中、芹沢は酔って喚《わめ》き、鉄扇で店の品物をたたきこわしていた。

壬生《みぶ》の屯所《とんしょ》に戻ると、芹沢はすぐ呉服屋の大丸をよんだ。

「これで隊士の着物、袴、羽織をつくれ」

と、二百両をほうり出した。

羽織は、「忠臣蔵の討入りみたいなダンダラ模様がいい」といってまわりをびっくりさせた。

「そんなもの、恥ずかしくて着られません」

と尻ごみする隊士もいた。芹沢は、

「だまれ！　目立つのが目的だ、恥ずかしいなんていっていられるか！」

と、一喝《いっかつ》した。心の中で、

(誰よりも恥ずかしいのは、このおれだ、ばかやろうめ)

と、ののしった。

こうして、芹沢は自分の役目として心に期した「泥っかぶり」をはじめた。近藤勇たちのためであった。近藤たちを、あくまでも清流のアユとして生きぬかせるためであった。

道化《どうけ》の華は醜くて

新撰組が結成された文久三年（一八六三）ころの京都は、文字どおり〝諸士横議《しょしおうぎ》〟で、既権威の〝タテ社会秩序〟は崩壊し、諸藩浪士による〝ヨコ社会〟が日をおって実現していた。暗殺が横行し、犯人捕縛の治安力はまったく幕府になかった。従来の京都所司代・町奉行所ラインも無力化し、わずかに守護職になった会津藩の軍律きびしい藩兵が、その任に辛《かろ》うじて堪えていた。

芹沢鴨は、すぐ、京都のこういう政情を見抜いた。そして、

（やりようによっては、新撰組は歴史の檜《ひのき》舞台におどり出られる）

と思った。新撰組の主たる任務が、京都市中の、治安担当の警察隊というのはちょっとひっかかった。なあに、攘夷思想を捨てたわけではない。さいわい、近藤勇も頑固な攘夷派である。だいたい、近藤の天然理心流という剣法は、農民でも、夷《い》人《じん》が上陸して来たらたたき殺そうといって習っている〝攘夷剣法〟だ。

それに近藤もおれも、幕府がいまのままでいいとはいっていない。国民の期待に応《こた》えうる強力な政府になれといっている。つまり、

「新撰組は、攘夷・構造改革派だ。これなら天狗党の主張に反しはすまい」と、勝手な理屈をつけた。

そこで芹沢は、「新撰組が名をあげるのには、京都市民から愛されてはダメだ。怖《こわ》がられなくてはダメだ」という〝哲学〟を、まず、打ち立てた。さらに、「そのためには、新撰組が嫌がられることであり、嫌《きら》われることだ」とさとった。

が——近藤一派はマジメ人間で、とてもそんなことはできない。近藤は屯所《とんしょ》の主人その他にも礼儀正しいし、沖田総司《そうじ》なんぞという若僧は、剣は無類に強いくせに気がやさしく、近所の子どもたちとよく遊んでいて人気がある。京都の人間に好かれていて、京都が取り締まれるか、と、芹沢はこの時点で、〝民衆警察〟否定の論理を組み立てていた。

だから、

（よし、嫌がらせだ。一丁、嫌がらせでいこう！）

と、またまた市民いじめの決意をした。

しかし同じやるにしても、その事件がたちまち京都中に喧伝《けんでん》され、「しんせんぐみ」の名があまねく行き亘るようなことをしたほうがいい。起こす事件は、ＰＲ効果の大いに上がることを考える必要がある。

芹沢は考えた。そして、「まず、島原で騒ぎを起こすのがいちばんいい」と、自ら手をたたいた。

たまたま、会津《あいづ》藩の人間に水口《みなくち》藩の公用人が、「どうも新撰組が乱暴で、市中、迷惑《めいわく》をしているようですぞ」と告げたので、会津藩から新撰組に注意があった。近藤たちは恐縮して聞いていたが、芹沢は居直った。近藤がとめるのもきかずに、そのまま水口藩邸に押しかけ、

「新撰組のどこが乱暴だ」

と、その公用人を面詰《めんきつ》した。公用人はちぢみ上がってしまい、「おわびに、島原にご招待したい」と申し出た。

「そうか、それは殊勝なことだ、ありがたくお受けしよう」

と、期せずして芹沢は島原豪遊の機会にめぐまれた。

島原は、その廓《くるわ》の状況が島原城に似ているともいわれるように、構えの大きい、それだけに格式のうるさい場所だ。

だから、早い話が〝壬生浪人《みぶろうにん》〟（みぶろ）の芹沢なんぞにはハナもひっかけない。

いちおうの客としては扱うが、それはかたちだけで、実質は金を出す水口藩の公用人の方がモテる。地位と金力に実に敏感な地帯なのである。

芹沢鴨は、島原でまったく実《じつ》のない慇懃無礼《いんぎんぶれい》の扱いを受けた。これが芹沢の癇《かん》にさわった。〝泥っかぶり〟のナマズに徹しようという日々の連続であったが、この慇懃無礼だけは、芹沢の心の底にあった矜持《きょうじ》をいたく傷つけた。休んでいた活火山が地底から噴火した。

芹沢は突然怒り出した。

「ばかにするな！」

と、芹沢にしてはおよそ使ったことのない（ということは、そういうことばを使えば、いままでの芹沢なら自己嫌悪で、七転八倒《しってんばっとう》するだろうから）ことばをたたきつけた。同時に鉄扇で膳《ぜん》をたたき割り、徳利《とっくり》・器物をたたき割り、さらに立ち上がって、

「この野郎、ふざけるな、何が角屋《すみや》だ」

と、自分でも哀しくなるような罵声《ばせい》を連発しながら、障子、襖《ふすま》、窓をたたき壊した。そして事実、鉄扇をふりまわしながら、芹沢はこういう破目の中で、なおも乱暴をつづけなければならないわが身の不運をなげいた。

（おれは道化だ、猿だ）

と心の中で叫んでいた。

しかし、近藤勇の率いる新撰組を、正しい位置に定着させるためには、まだまだおれの〝泥っかぶり〟は終わっていない、と思った。

芹沢は、このときの怒りの二重性もあって、物を壊しただけでは気持ちがおさまらなかった。屯所に戻るとすぐ、角屋の主人をよび出し、新撰組の名で、

「七日間の営業停止を命ずる」

と申し渡した。

「しんせんぐみ」

の悪名はとどろき、島原はふるえ上がった。

（まず、成功だ……）

と芹沢はニンマリしたが、その笑いは苦《にが》かった。ことに、〝泥っかぶり〟の虚像が怒っているのなら割りきれたが、そうではなく、心の奥の実像が誇りを傷つけられて怒ったのは後味《あとあじ》が悪かった。笑いだけでなく、酒も苦かった。

その後も芹沢は乱暴をつづけ、七月には大坂に出張して、角力取《すもうとり》と喧嘩《けんか》し、これ

を斬殺した。角力陣は、敵《かたき》討ちだといって、小野川部屋の連中が大挙して押し寄せ、北の新地で大乱闘になった。角力側は死者五名、負傷者十六名を出し、新撰組も沖田、永倉、平山たちが軽傷を負った。

またまた、「しんせんぐみ」は悪名をはせた。会津藩も近藤勇も、少しずつ芹沢に対して緊張しはじめた。

それを知らないわけではなかったが、芹沢は八月中旬、ついに京都市中の大和屋という豪商の店を砲撃するという事件を起こした。

大和屋はかねてから勤王派の志士に狙《ねら》われていた。とくに天誅《てんちゅう》組に狙われ、いずれは誅罰《ちゅうばつ》を受けるだろうと予告されていた。

ところが、主人の庄兵衛はこの気配を察し、いち早く一万両の金を献金して生命を助けてもらった、という噂《うわさ》が流れた。芹沢はこれを聞きこんだ。さっそく大和屋に出かけて行く。

「天誅組に献金したそうだが、どうだ、新撰組にも少し用立てんか？」

と酔っぱらってもちかけた。主人の庄兵衛は多少の気骨もあるので、

「へへ、ご冗談を」

と、とりあわない。鼻の先に何かぶら下がっている。また島原と同じ慇懃無礼というやつだ。芹沢のアキレス腱である。カチンときた。

「よし、わかった」

ニヤリと笑うといったん引きあげ、夜になると芹沢は隊の大砲をひきずって行って、

「射て！」

と砲撃をはじめた。このころの大砲の弾丸は、中に火薬が入っていない鉄の玉だから、ものをぶちこわすのが目的だ。店がこわれ、土蔵がこわれ、ついに付近に火がついた。ちょうど本庄宿のような騒ぎが、もっとも大規模な形で再現した。

芹沢は、この騒ぎの間でも、

「当家の主人は大奸物《だいかんぶつ》である。諸民の困難をよそに、外国と交易してぼろもうけをしている。けしからんので焼き払った」

という立て札を立てた。

この話を聞いた近藤は、大きな口をへの字に結んだまま、長い時間、腕をくんでいた。土方、沖田、永倉、原田、山南《やまなみ》たち近藤の腹心は、その近藤を緊張して凝《ぎょう》

視《し》していた。本庄宿でかためた芹沢への殺意が、忽然《こつぜん》とよみがえっていた。

お梅という女

〝泥っかぶりの道化者〟を演じつづける芹沢鴨《せりざわかも》にも誤算があった。泥田に蓮の花が咲いてしまったのである。

四条堀川の太物《ふともの》店に菱屋というのがあって、ここで買い物をした芹沢がいつまでたっても金を払わない。業を煮《に》やした菱屋から、どういうわけか、主人の妾《めかけ》のお梅という女が代金をとりに来た。芹沢の酒好き、女好きを知って、「おまえが取ってこい」といわれたのかもしれない。

ところが芹沢は金を払うどころか、このお梅を強姦《ごうかん》してしまった。そしてもっとふしぎなのは、強姦されたお梅がそのまま芹沢の部屋に棲《す》みついてしまったことである。

その理由を、お梅は二つあげて、次のように芹沢に話したことがある。

「菱屋の主人がここへ代金をとりに来させたのは、あるいは、あたしがからだを使ってでも、芹沢先生からお金をとって来いということだったのかもしれません。あたしは、たとえ妾でも、女をそういう道具扱いする菱屋がきらいです。

もう一つは……芹沢先生は、ほんとうはやさしいお人だという気がします。なぜかわからないけれど、無理して悪ぶっている。違いますか？　先生とあたしは、お侍《さむらい》さんと商人の妾ですけど、何か根っこのほうでつながりあっている気がします……」

お梅のこの話に、芹沢はコロリと参った。涙ぐむような話である。

（おれが長年求めていたのは、こういう女だ。いや、こういう心だ）

と、芹沢は、京都に来てはじめて安住の場を見つけた気がした。お梅は、

「その証拠に、先生はお酒を飲まないと何もできないじゃありませんか。だから、あたし、おそばにいます。置いてください」

と涙ぐんだ。強姦されたことも忘れ、芹沢鴨の人間的本質をよく見ぬき、それを保つために、自分の身を投げ出して、掛値《かけね》なく、芹沢に寄り添っていこうという心根が、ありありとうかがえた。

芹沢は、

「お梅……きさま」

と、お梅を抱きながら、瞬間、今日まで突っぱってきた自分の虚像が、ガラガラ音を立てて崩れる気がした。

さらばいとしの新撰組よ

芹沢鴨《せりざわかも》が近藤勇一味に殺されたのは、文久三年九月十六（一説に一八）日の夜だった。どしゃぶりだったという。

芹沢は、島原角屋での隊の宴会で泥酔して早めに戻り、お梅を抱いてひっくりかえってしまった。

芹沢に手を下したのは、土方、沖田、山南《やまなみ》、原田たちだったという。なにしろ泥酔しているので、芹沢には何が起こっているのか、朦朧《もうろう》とした出来事である。刺客《しかく》たちは、屛風をふとんの上に重ね倒し、ぶすぶすとふとんの中の芹沢を刺して殺した。だから芹沢は突然、ふとんの上からからだを刺されたので、一体、何が起こったのかわからない。

しかし、

（ああ、殺されるのだな）

ということはわかった。

　そして、

（まさしく酔生夢死《すいせいむし》だ）

と思った。

朦朧《もうろう》とする意識の底で、

（が、それでいい。近藤よ、土方よ、沖田よ、最後まで玉川のアユとして泳ぎぬけよ。常陸《ひたち》のナマズは、これで失礼する）

と、自ら合掌《がっしょう》した。

　そして、

（おれは、誰よりも新撰組が好きだったよ）

とつけ加えるのを忘れなかった。素裸《すはだか》で添え寝をしていたお梅も殺された。道化の猿に殉じた、哀しい一匹の蚊《か》のようなものであった。

伊東甲子太郎　高台寺党はなぜ反乱したのか

新撰組よ、初心に返れ

伊東甲子太郎《かしたろう》が新撰組に入ったのは、元治《げんじ》元年（一八六四）の秋だ。国学に造詣《ぞうけい》が深く、和歌もよく詠《よ》んだかれは、歴とした尊王攘夷論者である。

元治元年の秋といえば、その数ヵ月前に、新撰組は、新撰組史上最大のイベント、〝池田屋襲撃〟を完成させていた。尊王攘夷派志士の大量捕殺《ほさつ》によって、それまで京都市中の任意警察隊であったこの浪士集団が、一躍、日本中に名を知られた。

しかし、やったことがやったことだから、その名の知られ方も当然〝佐幕派〟としてである。

近藤勇の思想は複雑で、当時の区分に即していえば、

「尊王・敬幕・攘夷」

になる。いわゆる公武合体によって、攘夷を実行しようという考えだ。が、なまなましい現実に職務上対応していく日々が重なると、時に、この三つの思想のうち、ひとつだけに際立《きわだ》って傾斜しているように、世間から見られることがある。

「ちがう、ちがう」

と、叫びながら、その〝ちがう〟潮流にどんどんおし流されてしまうことが多々ある。世間の評価は、決してその人間や集団が、

「何をしたかったのか」

で下してはくれない。

「何をしたか」

で決めてしまう。新撰組にとって、池田屋事件は決定的であった。この事件で、新撰組は、単なる佐幕派でなく、もっと前へ出て、尊王攘夷論者に敵対するものとして位置づけられてしまった。

そういう新撰組に、伊東甲子太郎はなぜ入ったのだろうか。その契機は伊東がみずからつくったわけではない。仲介者がいる。新撰組副長助勤の藤堂平助《とうどうへいすけ》だ。藤堂和泉守《いずみのかみ》の私生児と噂《うわさ》される、二十六歳の純粋な青年である。北辰《ほくしん》一刀流の達人で、同じ流派の伊東とはずいぶん前からの知り合いだった。

しかし、藤堂は同時に、江戸の試衛館《しえいかん》で近藤の門人であり、幕府の浪士隊応募時からずっと近藤と行をともにしている。新撰組草創者十三人のひとりだ。

藤堂平助は、伊東甲子太郎にどういう勧誘をしたのだろうか。

ひとことでいえば、藤堂は伊東に、

「先生のお力で、新撰組を初心・原点に戻してください」

と頼んだのだ。新撰組の初心・原点とは尊王攘夷の志のことだ。新撰組をそこへ引き戻したいというのが、そのころの藤堂の切実な願望であった。つまり、新撰組がもっている三つの思想（尊王・敬幕・攘夷）のうち、敬幕面だけが世上に強く出てしまったので、今後、これを払拭《ふっしょく》し、ほかのふたつを強調したいというのが、藤堂の願いであった。

いま、新撰組がいかに、

「われわれは尊王攘夷論者だ」

と力説してみても、世間は「よくいうよ」と冷笑するだけだ。それが藤堂には何よりもくやしい。

藤堂が伊東に提起したのは、いまのことばでいう、新撰組の体質変革、組織変革だった。

だから、もちろん伊東も、打てばひびく式に藤堂の話に乗ったわけではない。

「そんなことができるのかね。いや、間に合うのかね。新撰組の声価は、もう決定的だよ」

とたしかめた。藤堂は「間に合います」と確信をもってうなずいた。そして、

「新撰組のいまの路線に不満をもっているのは、自分ひとりでなくたくさんいる。たとえば最高幹部のひとり、総長の山南敬助《やまなみけいすけ》などもそうだ」といった。

伊東は腕をくんでしばらく考えた。

いつの時代でもそうだが、志ある者が自分のイメージとはなはだしく違う組織と対する場合、方法はふたつある。ひとつは、徹底してその組織と闘う場合、もうひとつは、自分がその組織の成員になって、反体制エネルギーを結集し、組織を自分

の思うように変えてしまうことだ。藤堂のいうのはあとの方法であった。

伊東は承知した。悲劇のはじまりである。なぜ悲劇だったのか。すべて人間行動の基本は情報だ。藤堂はその情報の把握《はあく》に正確さを欠いた。正確さを欠いたというのは、藤堂が近藤・土方ラインの非情なまでの強固さを、まだよく認識していなかったということだ。

これは、この後、藤堂は身にしみて経験する。というより、その甘い認識が祟《たた》ってかれは、生命まで失ってしまう。藤堂たちが新撰組の組織変革を策せば、近藤・土方たちも、そうはさせないと、必死に組織維持に総力を結集したからである。

この秋、近藤は、禁門の変（蛤《はまぐり》御門《ごもん》の変）をひきおこした長州に断乎たる処置をとるよう、将軍の上洛《じょうらく》をうながしに急遽《きゅうきょ》江戸に来た。そのついでに養父周斎《しゅうさい》の病気を見舞い、同時に隊士を募っていた。

かれ自ら、

「兵は東国人に限り申し候」

というように、新撰組に〝東国の血〟をもっと入れようと考えていた。いまのところ、京・大坂で数を揃えたため、どうしても西の国の人間が多かった。気質的に近藤は合わない。

この募集で、伊東甲子太郎のほかに数十人の浪士が新撰組に入った。

人心収攬《しゅうらん》

伊東甲子太郎《かしたろう》は、十一月十四日に江戸を発《た》ち、十二月一日に京に着いた。多額な旅費をさし出す近藤に、伊東はそれを辞退した。

「京にはまいりますが、まだ正式に入隊ときめたわけではありませんので」

近藤は、「妙な野郎だな」と思いながら、藤堂を見た。しかし藤堂は気づかず、熱っぽい目で伊東を見つめていた。藤堂のその目にも近藤は、「こいつもおかしな奴だ」という印象をもった。同時にサッと変な予感が走った。

伊東はひとりで入隊しなかった。実弟の鈴木三樹三郎《みきさぶろう》（伊東はもとは鈴木大蔵といった。常陸志筑《ひたちしづく》（現茨城県新治郡千代田村）の生まれである。江戸深川の佐賀町で剣術道場を開いていた伊東精一に見込まれ、養子に入ったので、弟と姓が違った）や同志・門人の加納鷲雄《かのうわしお》（道之助）、服部武雄、佐野七五三之助《しめのすけ》、篠原泰之進《たいのしん》、中西昇《のぼる》、内海次郎の七人を連れて行った。何かのときに、とにかく八人まとまれば、と思ったのだ。

近藤がさし出した旅費を断ったことで、伊東はまず、

「自身を高く売りつけた」

と思った。品物と同じで、売りたい、買いたいの関係は、その意思を先に示したほうが劣位になる。そこをがまんするかしないかで立場がきまる。このときは近藤のほうが〝買い〟に出た。しかも入隊後、近藤は伊東を参謀というトップの要職に据えた。

壬生《みぶ》の屯所《とんしょ》に着いてまもなく、伊東はたしかに藤堂のいったとおり、隊内に不満派がかなりいることを知った。総長の山南敬助は、

「先生のご高名はかねがね。私も北辰一刀流です」

と、にこにこ近づいて来た。

伊東は、はじめから意を決していた。近藤・土方ラインの剛に対しては柔、非情に対しては温情、統制には弛緩《しかん》というように、とにかく何ごとにつけても対極の立場に立とうとした。

壬生の屯所内の雰囲気をみて、そこまで踏みこんでも、逆に反近藤・土方派のエネルギーを組織できると思ったのだ。そして――事実、その作戦は功を奏し、隊士

はたちまち伊東になついた。

「士道ニ背キマジキ事」を掟《おきて》に、ちょっとした過ちでも、何が何でも切腹させる粛清旋風は、もはや隊士に恐怖以外の何ものも与えていなかったからである。

「なぜ、そこまで？」

の疑問は皆がもっていた。もっと開かれた、ゆるやかな社会が外では展開されているのに、なぜ、壬生村のこの一角だけが血の掟で運営される隔離社会なのか、多くの隊士には理解できなかった。

情に走る者には与《くみ》さない

新規の入隊者が多くなったため、壬生《みぶ》の屯所《とんしょ》が狭くなった。土方歳三が、

「西本願寺の太鼓堂（大集会所）を借りよう」

と交渉をはじめた。西本願寺は辞退した。しかし土方は退かなかった。

「貴寺は、尊攘派浪士の巣だという噂《うわさ》がある」

といって、借用を強要した。寺側はついに、

「新屯所をつくる資金を提供するから」

と哀訴《あいそ》したが、土方は、いや、太鼓堂をぜひ借りたいと突っぱった。

この過程で突然、総長の山南敬助が、

「寺がそこまでいうのに、あまりにも強引すぎる。第一、太鼓堂は衆生《しゅじょう》の集まるところで、武具を帯びた戦士が入るのは好ましくない」

と、寺側についた。山南の反対は、当然背後から伊東一派の支持が得られると踏んでの行動であった。が、伊東は必ずしも動かなかった。山南を敬慕する藤堂平助が、

「なぜ、山南さんに与《くみ》さないのですか」

と、やや非難めいた質問をした。伊東は、

「屯所移転問題は、私たちの将来に、あまり大きな意義があるとは思えない」

と応じた。隊論がふたつに割れるほどの大課題ではなく、隊内の反近藤・土方派にしても、そんなことはどっちでもいいや、という気分があることを伊東は見抜いたからだ。山南の反対が隊の空気からやや浮き上がっていたのだ。

隊士の支持のない問題にうっかり手を出すと、元も子もなくなるというのが伊東の態度だった。何が何でも近藤・土方に反対するという方針を、伊東は少しずつ修

正していた。

こういう伊東の選択眼の冷静さを、山南は見抜けなかった。山南は深い思いをこめ、口にも文にもしなかったが、伊東が呼応して蜂起《ほうき》することを期待して、脱走した。

「局ヲ脱スルヲ許サズ」

というのは「局中法度《はっと》」の第二条にかかげられた掟《おきて》である。土方の専横を憤る近藤あての置手紙があったために、すぐ追手が走り、沖田総司が大津の宿場で発見して連れ戻った。隊規に照らして切腹となる。

伊東は惜しんで、

吹く風にしぼまんよりも山桜

散りてあとなき花ぞいさまし

ほか二首の歌を詠《よ》んだ。吹く風を、近藤・土方の圧力ととるならば、やや冷たい歌だ。山南を将来の同志と思う態度は薄い。伊東は、

「山南氏はいい人間ではあるが、情に走りやすく、多くの人間と行を共にできない」

と思っていた。山南が脱走したとき、ひとり飲み込みで、架空《かくう》の蜂起計画を近藤に書き残されでもしたら、こっちも一網打尽《いちもうだじん》だとはらはらしていた。が、それがなかったのでホッとした。そういう心配のある人間と与さなくてよかったと思った。反乱を成功させるのには、つねに冷静さがいるのだ。

山南敬助が切腹したのは、元治二年（一八六五）二月二十三日のことである。この年は四月七日に改元されて「慶応」となった。幕府は日増しに衰退する権威を、何とか回復しようと焦《あせ》っていたが、それを実証するには、これも日増しに反幕態度を強める長州藩に、鉄槌《てっつい》を下すことがもっとも効果的であった。

幕府は、初夏ごろから、

「長州藩は先年の禁門突入を悔《く》い、いったん降伏したが、実はこれは見せかけで、藩政を高杉晋作《しんさく》や桂小五郎ら反幕過激派が乗っ取り、しきりに対幕戦争の準備をしている。この輩《やから》をたたかなければ、長州は本当に恭順したことにならない」

と長州再征の意図を明らかにしはじめていた。

が、そうするためには理由がいる。その理由の構築を、幕府は、

「先年の降伏条件を、ちゃんと守っているかどうかで決めよう」

ということにした。条件というのは、
一、藩主父子が謹慎すること。
二、山口城を破却すること。
三、五卿（八・一八政変のとき、京から落ちた七人の公卿《くぎよう》のこと。しかし一人は病死し、一人は生野《いくの》の変に突出していた）を九州に移し、交流を絶つこと。
四、禁門突入の責任者を死刑にすること。
五、高杉晋作や桂小五郎らを引き渡すこと。
などである。このうち、長州が完全に履行《りこう》したのは三と四だけであり、しかも三もどうも怪しい。一、二、五はまったく怪しい。

そこで、訊問使《じんもんし》を派遣した。

訊問使は大目付永井主水正《もんどのしよう》が命ぜられた。そしてどういうわけか、この訊問使の随員に新撰組が命ぜられた。撃剣の腕を買われてボディー・ガードの役を命ぜられたのだろうか。

近藤勇は、しかし、この随員にいちおう腕は立つが、それよりも隊内で「学者」と目されている人間ばかり選んだ。近藤自身と、伊東甲子太郎、武田観柳斎《かんりゆうさい》、尾形俊太郎の四人である。いずれも隊の文学師範頭の職にあった。隊中の知識人をえりすぐったといえる。

長州との交渉中、いざというような緊張状態になったときも、近藤は情にかられず、理性で対応できる人物を選んだということだろうか。あるいは、探索力、判断力を重視したのだろうか。

いずれにしても、この長州訊問の旅は、伊東甲子太郎のその後の活躍の大きな転機になった。

長州訊問使《じんもんし》

というのは、このころ、伊東はすでにある長州人とひそかに〝渡り〟をつけていたからだ。ある長州人というのは赤根武人《たけと》という周防《すおう》出身の男で、元奇兵隊の隊長をしていた人物である。

長州藩の内情は複雑で、政治路線が正義派（過激派）と俗論党（保守派）に分かれているだけでなく、長門《ながと》人が何につけても主導権をにぎり、周防人はいつも劣位に立ってきた。長州というのは、長門国と周防国を合わせた総称だが、一種の藩内差別が生まれていた。

赤根は、この周防人の地位と、一般庶民の地位をもっと引き上げようと努力していた。

そのため、吉田松陰門下であるにもかかわらず、戦術上、俗論党とも交流した。これが高杉を激怒させ、高杉は赤根のことを、

「この、どン百姓！」

と、どなりつけた。赤根は藩を脱して京都に来たが幕史につかまり、六角牢《ろう》につながれてしまった。

伊東は、ほとんどコネをもたずに志をとげようと京に来た男だから、とにかく、尊王攘夷派にひとりでも多く知己を得たい。六角牢にはいろいろな志士がつながれているのを聞きこみ、ある日、牢を訪ねた。そして赤根を発見した。近藤に、

「赤根は高杉とケンカをした男だから」

と説明して、赤根とその同志の久留米《くるめ》の淵上《ふちがみ》郁太郎を解放して、新撰組の客分として連れて来た。そして、近藤たちには内緒でよくひそひそ話をした。

伊東にすれば、新撰組の変革には、場合によっては長州をも利用しようという考

えだ。というより、反乱の暁には新撰組を乗っ取って、長州の傘下《さんか》に入ろうという算段である。

さすがに土方歳三が、

「伊東の奴、どういうつもりだ」

と、けわしい顔をしたが、近藤は、

「まあ、しばらく様子をみよう」

と、なだめた。

長州だけでなく、伊東は薩摩出身の隊士富山弥兵衛を介して、薩摩の大久保一蔵《いちぞう》（のちの利通《としみち》）ともすでに何度か密会している。策士の大久保は、とっくに幕府を見限っているので、こんど幕府が長州再征をよびかけても、薩摩は二度と出兵しないという腹をかためている。

新しい時代の波がうねりはじめている。そのうねりを伊東は的確につかんでいた。時機さえ合致すれば、長州あるいは薩摩という雄藩と呼応して、新撰組内反乱の狼《のろ》火《し》に一挙に点火できるのだ。江戸で夢見た野望も、決して架空のものではなくなってきていた。

伊東はこんどの長州訊問に、随員の随員として赤根・淵上を同行させることを近藤に力説した。伊東は赤根のツテで、思いきって長州藩内に入るつもりでいる。そこまで輪をひろげようと思っていた。

近藤は、まあ、いいでしょうと承知した。土方歳三は、ここのところはっきり示すようになった敵意を、目から噴き立てながら伊東をにらんでいた。

「この野郎、何を企んでやがるんだ」

という疑惑がはっきり表れていた。

幕府破船

訊問《じんもん》は失敗した。長州からは宍戸備後助《ししどびんごのすけ》という明らかに偽名とわかる代表（じつは山県《やまがた》半蔵）が出てきて、慇懃無礼《いんぎんぶれい》に、訊問のひとつひとつを否定した。

「それでは、藩内にわれわれを入れて立証せよ」

という永井に、宍戸は、

「その儀はかたくご辞退」

と突っぱりとおした。なぜ、いま日本中を敵にまわしている長州藩にこれほどの自信があるのか、永井たちは不気味に思った。

「長州は幕府と戦争を辞さない気だ」

だから代表は相当に頭《ず》の高い態度をとるのである、と意見は一致した。

伊東は逆に、そういう長州の態度を頼もしいと思った。長州が強力であればあるほど、自分の新撰組内反乱の成功度も高くなる。が、伊東は長州藩内に入れなかった。

宍戸は、近藤たちの挙措《きょそ》動作から、随員がすべて新撰組であることを見抜いていた。時折、近藤たちを見る宍戸の目には、その都度おさえがたい憤怒《ふんぬ》の色がほとばしった。それは、去年の夏の池田屋事件や、禁門の変のときに、はっきり幕府の尖《せん》兵《ぺい》として、多くの長州人を殺傷した新撰組へのとどめがたい怒りであった。

その意味では、伊東甲子太郎も同じ目で見られた。宍戸をはじめ長州人は、伊東甲子太郎などという人間を知らなかった。かれらからみれば、伊東も憎《にく》い新撰組のひとりであった。いくら伊東が、

「私だけは違う」

といいはってみたところで、その〝違い〟を立証するデータは何もなかった。

本当は、その役割を赤根武人《たけと》がつとめてくれるはずだったが、赤根はこの会談の会場（広島の国泰寺《こくたいじ》）に着くとすぐ、国境を越えて岩国に潜入し、どこかへ行ってしまった。それっきり音沙汰がない。自分のことで精一杯なのだろう。伊東甲子太郎は、だからこのときは、長州人に、新撰組員としての印象をきざみつけて帰ってくる結果になった。不本意であった。

意外だったのは、このときの近藤勇の態度である。かれは尾形と武田を使って、限られた枠《わく》の中で機敏に長州の実態をつかんだ。
○代表の宍戸備後助は、実は軽輩であり、偽名《ぎめい》であること。
○藩主父子は謹慎などしておらず、しきりに藩評定《ひょうじょう》に出席し、また諸所を出歩いていること。
○山口城は破却するどころか、いよいよ強固に修復していること。
○藩内は士民あげて戦意が高いこと。
○その主導者は変名している高杉と桂であること。
こういう報告をもとに、近藤は守護職の松平容保《かたもり》に、
「残念ながら長州再征はいまの幕府には難事です。むしろ寛典《かんてん》に処して幕府の雅量

を示すべきでしょう」

と進言している。しかし、面子《メンツ》にこだわる幕府はこれをとらず、長州国境に突入し、大敗した。

脱隊分離

親船が沈みかかれば、それを母船にしていた子船の運命も明らかだ。長州再征の失敗をみて、伊東甲子太郎《かしたろう》の心境も少しずつ変わってきた。

「いつまでも新撰組にいて内部からの変革をはかるより、おれはおれで独立して、志のほどを天下に表明すべきではないか」

と思いはじめたのである。

もっとはっきりいえば、徳川幕府が、もう長州一藩にさえ敗れるような体《てい》たらくでは、大したことはない。当然、そこに寄生している新撰組も、だまっていても自滅するとみたのだ。

そんな船にいつまでも乗っていることはない。まごまごしていると、

「あいつも近藤の一味だ」

という印象のほうが、強く世間に植えつけられてしまう。

「これは、早く脱隊することだ」

伊東はそう決意した。それとなくスポンサーを探すと、薩摩の大久保一蔵がひじょうに熱心である。

「生活の資は、薩摩が出す。早く出なさい」

といってくれる。江戸から行を共にしている同志にひそかに相談すると、ことごとく賛成し、

「こんなところには一日たりともいたくない」

という。そこで、はじめて近藤に、

「分離したい」

と申し出た。

「分離とは何です」

近藤は深い疑惑の表情で聞き返す。

「分離とは、われわれはいささか薩長の有志と連繫《れんけい》がとれるようになっていますので、支隊を設け、向こうの情報をこの本隊にもたらそうという計画です」

伊東はそういった。

「分離じゃない、脱走だ。隊規に照らして切腹だ」

土方歳三が嚙みつくようにいった。分離だ、いや、脱走だの論争はかなりつづいた。が、結局、

「ま、しばらく様子をみることにして分離を認めよう」

という近藤の一言で、空気は大いに燻《くすぶ》りながらもいちおうその場はおさまった。

慶応三年（一八六七）三月、伊東甲子太郎《かしたろう》一派は、最初長円寺に、そしてすぐ高台寺（豊臣秀吉夫人北政所《きたのまんどころ》ねねが住んだ寺）の月真院《げっしんいん》へ移った。

孝明天皇の御陵を警護するという公職をもらい、まかない料一日八百文という、当時の平均生活費の三倍の待遇をうけた。菊の紋も使っていいといわれたので、一同はおどりあがった。ようやく初志が貫徹できたと思った。

一同というのは、伊東甲子太郎、鈴木三樹三郎《みきさぶろう》、篠原泰之進《たいのしん》、新井忠雄、加納鷲雄《かのうわしお》、阿部十郎、内海次郎、中西昇《のぼる》、橋本皆助《かいすけ》、清原清、毛内有之介《もうないありのすけ》、服部武雄、藤堂平助、富山弥兵衛《やへえ》、斎藤一の十五人である。

ひとりだけへんなのがいる。斎藤一だ。斎藤は沖田とならぶ隊切っての剣客で、

三番隊長だった。自他ともに認める近藤の腹心である。それがいっしょに行くという。

伊東一派は当惑したが、本人がいっしょに行きたいというのを、来るなどもいえない。斎藤が近藤の意を含んだ間者《かんじゃ》と尻《しり》が割れているだけに、よけい断りにくい。結局、連れて行くことにした。

高台寺の月真院に移った伊東たちは、寺の門に「禁裡《きんり》御陵《ごりよう》衛士《えじ》屯所《とんしょ》」という看板をかかげた。

未来に対する明るい展望をもち、拠点も得た伊東は、しかし近藤たちに対する警戒を全く解いたわけではなかった。

今回は行を共にしなかったが、壬生《みぶ》の屯所《とんしょ》にはまだたくさんの同調者がいる。こういう層が、頼まなくても次々と新撰組の動きを知らせてくれる。最近は、志士の捕殺が思うようにいかないので、三条大橋脇に立てられた幕府の制札がひきぬかれないように、見張りをしているという。

伊東は笑った。

「ついに立札の番になりさがったか」

そして、

「消滅の日は近い」

と嘲笑《ちょうしょう》した。一味は皆笑った。斎藤だけがまじめな顔をしていた。

伊東は、

「攘夷を実行するにしても、夷国《いこく》のことばをおぼえることはむだではない」

といって、英語の学習を一同に課した。抹香《まっこう》臭い高台寺月真院の一角から、時ならぬ「ぐうと・もうにんぐ」「ぐうと・ないと」「ぎぶ・みい」「せんきゅう」などという発声が四囲に散った。

そして、こういう伊東たちの動静は、逆に細大洩《も》らさず斎藤から近藤たちに伝えられた。伊東はそれをもちろん承知のうえだろうが、いまはおおっぴらに西国を遊説して、全国志士との連繋につとめた。というより、自派の宣伝に狂奔した。もちろん、新撰組とは無関係だということを強調した。

惨劇油小路

伊東ほどの男が、なぜその夜、そこに行ったのだろうか。もう近藤たちは滅亡の坂をすべり落ちていて、自分を支えるのが精一杯だと踏んだのだろうか。

文字どおり維新前夜の慶応三年（一八六七）十一月十八日、伊東は近藤勇の妾宅《しょうたく》（七条醒《さめ》ヶ井《い》木津屋橋下ル興正寺下屋敷）に、近藤から招かれて行った。

「旧交を温めたい」

という近藤の言にのったのである。もちろん周囲はとめた。あとになって気がついてみれば、その日の昼間、斎藤一が姿を消していた。伊東は、

「溺《おぼ》れる新撰組が、きっと攘夷の初志に戻るからといって、われわれにとりなしを頼むのにちがいない」

と豪語した。ここのところの遊説《ゆうぜい》活動で自信をつけていたし、幕府はすでに大政を奉還し、追いうちの王政復古も布告されていた。この大勢の前には、新撰組などゴミのひとつだとでも思ったのだろうか。

また、伊東は三日前に、潜居《せんきょ》中の坂本龍馬を訪ね、

「新撰組が先生をねらっていますから、十二分にご注意のほどを」

と、どこから得た情報かわからないがそんな警告を発している。坂本は、

「元新撰組のきみの警告なんか、きく耳をもたない」

とニベもなかった。伊東ははなはだしく不快な思いをした。そしてその夜、坂本は殺された。

近藤の妾宅には、近藤のほか土方、山崎烝《すすむ》、原田左之助《さのすけ》、吉村貫一郎《かんいちろう》などがいた。みんなお上手で、

「われわれも先生と行を共にすればよかった」

などとしきりにもちあげた。はじめは用心していた伊東も、かわるがわるすすめられる酒にしだいに酔った。

「では、このへんでご無礼する」

と、いとまを告げたのが午後十時。立ち上がると、思わずよろめくほど酔っている。視点が定まらない。夜風に吹かれれば少しは醒めるだろうとユラリユラリ歩いた。

このへんは藪《やぶ》や草の多い土地で、また寺ばかりだ。法華寺のそばまで来たとき、伊東は突然咽喉《のど》を槍で刺された。首を貫いた槍は抜けない。不安と怒りが同時に襲ったが、体勢を立て直せないうちに、おどり出てきた新撰組にずたずたに斬られた。新撰組は伊東の死体をずるずるひきずって行って、月下の油小路通りにさらした。

寒気ことさらにきびしい京の冬である。

高台寺の月真院ではこの事実を知って、死体を引き取りに行くか、見送るか、論議した。そして打って出た。もちろん新撰組は待っていた。伊東の死体はオトリである。激闘の結果、藤堂平助、服部武雄、毛内有之介の三人が闘死し、ほかは薩摩藩邸にのがれた。藤堂はいまだに新撰組に愛されていたので、皆、逃げろとすすめたが、かれは笑って死んでいった。

新撰組にとってもあと味の悪いこの惨劇の怨念《おんねん》は、その後、消えることなく伊東一味の残党に燃えつづけた。

一ヵ月後の慶応三年十二月十八日、二条城の軍議から馬で伏見に向かう近藤勇は、伏見街道墨染《すみぞめ》付近で突然銃撃された。撃ったのは、篠原泰之進《たいのしん》で、ともにいたのは阿部十郎、加納鷲雄、富山弥兵衛、内海次郎、佐原太郎ら、高台寺派の残党のほとんどである。

怨念の燃焼はさらにつづき、慶応四年四月、下総《しもうさ》（千葉県）流山《ながれやま》から自首した直参大久保大和を、

「きみは近藤勇だ」

と面通しであばいたのは、加納鷲雄である。伊東の残党はそれぞれ政府軍の下士官級に散って行った。

畢竟《ひっきょう》、すぐれた素質をもちながらも、伊東甲子太郎は京都へ行くのが遅かった。歴史の波はもっと前方に去っていたのである。

沖田総司　剣の子として育った少年時代

おれは沖田家の口減《くちべ》らし

九歳になったある日、沖田惣次郎《そうじろう》は義兄の沖田林太郎に連れられて、江戸市ヶ谷の甲良《こうら》屋敷というところに行った。

甲良屋敷、と切絵図には書いてあるが、土地の所有者は甲良吉太郎といって、幕府の御作事大棟梁《おさくじだいとうりよう》だ。いまの新宿区市谷柳町近辺である。

屋敷の内外は、下級武士と町人の混住地域で、惣次郎が連れて行かれたのは、その甲良屋敷の西地域で、近藤周助という男が開いている試衛館《しえいかん》という剣術道場である。惣次郎は今日からこの道場の内弟子になる。といえば体裁はいいが、本当は沖田家の〝口減《くちべ》らし〟だ。

父が死んで、それまで父が勤めていた藩（東北の白河藩＝現福島県。当時の藩主阿部氏）は、

「藩財政がきびしいので、おまえの家は今日限り解雇する」

といって、惣次郎に家を継がせてはくれなかった。翌年、惣次郎と十一歳年齢の違う長姉のミツが、日野の方から井上林太郎という男を婿《むこ》に迎えて、沖田の家はたてたが、白河藩をクビになってしまったので、すぐ生計の道に窮した。

沖田の家には、二歳の惣次郎のほかにミツ・キンの姉妹、それに母がいた。女と幼児だ。人の好い林太郎は、これからどう生きていけばいいのかわからない、こういう、心細い人間の群れをやさしくかばった。実家から多少の金をもってきたり、米・野菜などを運んだりしたが、林太郎自身が分家の厄介者なのだから、そういうことをするのにも限度がある。

召し放されたのだから、住んでいた麻布《あざぶ》の白河藩下屋敷内の長屋からも、ついに追いだされてしまった。

父の勝次郎が死んだのは、弘化二年（一八四五）のことで惣次郎は数えで二歳、まだ実感として父の死を受けとめえない年齢である。

そして――実のところ、父の死後、のちの新撰組の彗星《すいせい》沖田総司《そうじ》が、この後、いったいどこに住み、どういう暮らしをしていたのか、いっさい不明である。ただ、姉ミツの夫林太郎の出身が日野であるのと同様に、父の勝次郎もまた井上家の出だったといわれるから、あるいは麻布の藩邸を退去後は、林太郎の生家に近い日野の里に住んで、農耕の生活を送ったのかもしれない。

しかし、当時の（というより現在でも）農村の財産配分は、長子に偏《かたよ》っているから、分家の次・三男に生まれた者に、ホイホイと親族が土地を分けてくれるはずがない。

だからこそ、若き日の土方歳三も、自家製の薬の行商《ぎょうしょう》をしたり、江戸の商家に奉公に行ったりするのだ。

現に、いま惣次郎が内弟子になろうとする試衛館の主、近藤周助にしても、生家は多摩郡三ツ目（現東京都町田市小山町）の島崎という大名主《なぬし》である。豪農だ。しかし島崎家の五男だった周助は若いころ、饅頭《まんじゆう》の行商をしたという。長子相続制が厳として存在していたそのころ、たとえ豪農の家に生まれたとしても、次男以下に生まれた人間の生計は決して楽ではない。精神的にもみじめな屈辱の日々である。近藤勇も土方歳三もたしかに豪農の出身だ。しかし、かれらが京都に行って青雲の志を遂げようとした背景には、やはり、

「失うものは何もない」

という要素があったことを無視するのは間違いである。生家は豪農かもしれないが、かれら自身は、全く財産をもたず、自立して生きていかなければならなかった経済的側面は見落とせないのだ。

ありていにいえば、近藤も土方も個人的には貧乏だったのである。そして、その貧しさの極点にいたのが沖田総司であった。三人とも失うべき個人的財産が何もないからこそ、思いきって京洛《きょうらく》の争闘に没入できたのだ。

人間が、ある人間とかかわりをもつということは、その遭遇はその人間にとって事件だ。そして、それだけにどうしても最初の相手の態度、ファースト・インスピレーションがその後の両者の人間関係に強い影響を与える。

まして、口減らしのためにこれからこの家で厄介になるのだと思えば、九歳の少

年の胸は不安でいっぱいだ。親切にしてくれるか、冷酷に扱われるかは、やはり最初に会ったときの態度でほぼきまる。惣次郎は林太郎に紹介されてピョコンと頭を下げながら、飢《う》えた猫のような目で近藤周助を見た。

が、すでに五十歳代の半ばにあった周助は、剣技はいざ知らず、ひじょうに苦労人の風情《ふぜい》を色濃くにじみ出している練《ね》れた人間であった。その練れが、周助の女好きによるものだということを、やがて惣次郎は知る。とにかく周助は七十六年の生涯で、九人も妻をとりかえるのだから。

沖田惣次郎が内弟子になりに行った日の周助の妻が、何人目にあたるのか惣次郎は知らない。が、その妻の印象ははなはだしく悪かった。

「そうかい、そうかい、これが林さんの弟かい」

と、目をほそめて惣次郎を見る周助とは逆に、周助の妻は、じっと冷たい目で見すえた。その目は、単に今後エサの心配をしなければならない厄介者がとびこんできたという、迷惑な表情を超えていた。

この日、周助の妻が惣次郎を凝視した目の底には、あきらかに憎悪の色があった。惣次郎を敵《かたき》と見る目の光があった。その理由を、惣次郎はすぐ知る。

泣くな剣の子そうじろう

内弟子というのは名ばかりで、実態はまったくの下男だった。近藤周助《しゅうすけ》の妻は惣次郎をそういう使い方をした。九歳という年齢を、いまの過保護のガキにそのまま重ねて、その生活態様を想定することはもちろんできない。江戸時代の少年は、もっとたくましく、したたかで、またそうさせる社会環境も、想像できないほどきびしかったにちがいはないが、それにしても九歳である。

朝は未明からたたき起こされ、飯たき、薪《まき》割り、洗濯、道場ならびに居宅の掃除、飯のたびのあと片づけ、食器洗い、風呂わかし、という日程がぎっしりだ。覚悟はしてきたものの、惣次郎は泣きたくなった。何度、台所のすみで涙をこぼしたかわからない。

（家に戻りたい）

と思ったかわからない。貧しくはあったが沖田家は温かかった。母もミツもキンも、北国の冬の海の崖《がけ》に咲く水仙《すいせん》に似て、風雪に耐えて生きぬくきびしさはもっていたが、しかし美しくやさしかった。末子《ばっし》でたったひとりの男の子である惣次郎は、みんなにかわいがられた。甘えることもできた。とくにミツはやさしかった。

こんど内弟子に出すときも、ミツの気持ちを察した林太郎が、

「惣次郎は、無理をしてでもおれたちで育てようよ」

といったが、ミツの方が首をふった。

「これ以上、あなたに迷惑はかけられない」

そういって、むしろミツの方が積極的にこの話をすすめた。

試衛館の主《あるじ》近藤周助は、天然理心流という剣法を伝えていたが、この剣法は形式よりも実質を重んずるので、江戸市中では、〝いも剣法〟とよばれ、試衛館も〝いも道場〟とよばれていた。

しかし、この剣法にはかくれた需要があった。それは八王子千人隊である。八王子千人隊は武田の遺臣群がそのまま徳川家の直参《じきさん》になった隊だが、武田家当時の半士半農生活をかたく守っていた。土から離れなかった。この気風が付近の農民に伝わり、物情騒然たる国情もあって、にわかに天然理心流を習いたいというものがふえた。

「土にしたしむ剣法」

として、天然理心流は格好の剣術だったのである。しかし土とともに生きる農民が、田畑をほうりだして江戸の道場へ通うわけにはいかない。結局、周助のほうが多摩地域へ出向いてきた。出張教授の形をとった。

地域の豪農たちは、自邸の庭の物置を改造したり、あるいは新築したりして道場をたてた。農民たちはここに集まって、周助から指導をうけるのである。

沖田惣次郎が内弟子として入門してすぐ、周助の養子島崎勇が、養父に、

「この子は剣技に才能があります」

と告げた。勇は口の大きい、ちょっと無骨な顔をしていたが、酒も飲まず大福餅の好きな温厚な男だった。惣次郎より十歳年上だ。

惣次郎はこの勇にも好感をもったが、なかなか剣術の稽古《けいこ》ができない。朝から晩まで周助の妻がこき使うのでくたくたになってしまうし、また勇も結婚したばかりだった。新居が近くではあるけれど、二十騎町（現、東京都新宿区）の方にあったので、勇は夜はそっちへ戻る。本当は深更でも稽古をつけてもらいたかったが、新婚の勇に無理強いはできない。

主の周助は年齢《とし》でもあり、またこのごろはばかに講釈に凝《こ》って、近所の隠居仲間

とてくてく歩いて浅草の講釈場に行く。そして帰りにウナギの蒲焼を食べてくるのが何よりの楽しみだという。

もう半分は隠居の生活だった。勇に道場を譲るのは時間の問題だった。勇もまた多摩川沿岸の調布・上石原《かみいしわら》村の宮川久次郎という豪農の家の出身だった。三男である。

そんな周助に、周助の妻は、

「何さ。自分ばかりうまいものを食べて。たまにはあたしも連れて行きなさいよ」

と、過去の生活をにおわせるような口で嫌みをいい、勇には、

「勇さん、あたしにもおこづかいをくれても、罰《ばち》はあたらなくてよ」

と、こっちには媚態《びたい》を示していった。

(酒亭の酌婦《しやくふ》だったのかな)

子どもごころにも、惣次郎はよく女の素姓《すじよう》をそんなふうにも思った。

この女が、試衛館に惣次郎が住みこんで以来、執拗《しつよう》に惣次郎を追いまわした。追いまわしたといっても、別に子どもを情事の相手にしようというのでなく、ひとことでいえば、

「そうじ、あんたはうちの人のかくし子だろう？」

という追及である。このことを四六時中疑っていた。この女にいわせると、

「試衛館はとても内弟子なんかおけるほど、お金に余裕のある道場ではない。それなのに、急に惣次郎を引きとろうというのは、やはり惣次郎がかくし子だからだ」

というのである。そんなことにしか関心のもてない投げやりな女であった。また周助のほうもそんな女でも妻にする、これまた人生に多少投げやりな、そしてそれだけに孤独な人間だった。

薪を割っているとき、風呂をたいているとき、台所で食器を洗っているとき、廊下の拭き掃除をしているとき、あらゆるときをねらって妻は惣次郎を追及した。

「かくさなくてもいいんだよ、本当のことをおいい。ね、おまえのほんとの父親はうちの先生だろ？」

とか、

「うちの先生とは、この道場ではじめて会ったんじゃないだろう？　前はどこに住んでいたんだい？　先生はおまえを見に、ちょくちょくそこへ通ったんだろ？え？」

とかいう。

ばかばかしさのほうが先に立って、惣次郎は怒気を発散させながら、

「そんなことはありません！」

とムキになって否定するが、女は惣次郎の否定を受けつけない。

「このガキは、しらばくれやがって！　ほんとに憎たらしい」

と口ぎたなくののしりながら、キュッと惣次郎の腕や股《もも》をつねる。とびあがるほど痛い。女の指には、周助への嫉妬《しっと》と惣次郎への憎しみが精いっぱいこめられていた。

惣次郎にとって、そういうあらぬ疑いをかけられていることががまんできなかった。同時に女が、〝そうじろう〟という名を端折《はしょ》ってしまって、〝そうじ〟と略して呼ぶのにも腹が立った。

「私はそうじじゃありません！　そうじろうです！」

といいかえす。しかし周助の妻は、

「おや、そうかい」

とせせらわらい、

「そいつは悪かったね。こんどからちゃんとよぶよ。そうじさんていえばいいんだろ！」

と悪意ある応じ方をする。

もっとも、このよび方は主の周助も気にいって、このごろは、

「そうじのほうがめんどくさくなくていいや。な、そうじ」

という。

養子の島崎勇も怪訝《けげん》な表情で、

「そうじとそうじろうと、いったい、どっちが本当の名なんだ」

と真顔でたずねたことがある。もうどっちでもいいや、と自棄《やけ》くそになるが、勇は好きなので、

「そうじろうです」

と、ちゃんと返事をした。

新型ザムライ多摩の武士

惣次郎は、そんな意地の悪い周助の妻のあしらいにも、やがてにこにこ微笑で応

ずるすべをおぼえた。

「何だよ?　にやにやしちゃって。子どものくせに気味が悪いねえ」

と周助の妻は、本当に気味悪がったが、惣次郎はどんなに嫌なことをいわれても、これからはいっさい笑っていくんだと心をきめていた。

それは、島崎勇が見ぬいたとおり、

(おれには、剣の才能がある)

というぞくぞくするような自覚が、たしかな手ごたえとして胸の中でどんどん育ってきたからだ。これは、自分がこの世に生きるための、しかも無尽蔵の鉱脈をぶちあてたようなものだった。誰が何をいおうと、いずれは剣でひとりで生きていける、という自覚であった。

もうひとつは、

(おれはサムライだ)

という自覚である。といっても、決して師の周助や島崎勇の出身が農民だからといって、軽蔑《けいべつ》するのではない。

そうでなく、自分の出身が武士だというのは、他の身分について責任をもつ、ということである。

その考えをたたきこんでくれたのは、義兄の林太郎であった。沖田林太郎はその考えを、自分の本家が八王子千人隊であることとむすびつけてこう語った。

「惣次郎さんよ」

林太郎は礼儀正しい人間で、惣次郎が妻の弟、それもまだ小さいのにきちんとさんづけでよんだ。

「いまの世の中でね、武士の責任をきちんと感じ、きちんと生きているのは八王子の千人隊だけだよ。私も、おやじや、じいさんから聞かされたのだが、武士が身分制度のいちばん上にいるのは、何も偉いからでも何でもない。むしろそのほかの身分の者が、富んで安心して暮らせるように守るのが武士の役割だ。

ところが、いまの武士は堕落してしまって、それどころのさわぎではない。ほかの身分の者におんぶして、しかもめいわくのかけどおしで生きている。こんなのは武士でも何でもない。

どうしてこうなったのだろう。私はサムライが土から離れたせいだと思う。むかしのサムライは皆、土のありがたさを知っていた。土から生まれるものの貴さを知っていた。だから、一所懸命ということばどおり、自分の土地に命をかけた。私たち千人隊の祖は、武田信玄公に仕えてこのことを学んだ。信玄公はサムライを決して土から離さなかった。私たちの先祖は畑の中に槍《やり》や刀を突きたてて土を耕した。農民の苦労を自分たちの苦労とする気持ちを忘れなかった。

神君家康公が、武田家滅亡ののちに、その遺臣をそのまま八王子に残したのも、おそらくそういうサムライの本当の生き方を残したかったからだろう。家康公もまた、土の中から生まれた武士だったものな。

惣次郎さん、その千人隊の魂を忘れないでくれ。きみは武士の子だ、庶民に責任をもつ武士の子だ。幕府の旗本や、藩の家来とも違う。生まれはどうあろうと、多摩の土から育った、まったく新しい武士なのだ……」

日野の里で、あるいは試衛館に来てからも、折々に語った林太郎のことばである。

林太郎はさらにこんなこともいった。

「だから、どんなに気にいらないことがあっても、庶民をすぐけしからんと裁いてはいけないいよ。武士はいつもにこにこ笑っているものだよ」

もし太宰《だざい》治《おさむ》がこのころ生きていたなら、林太郎のことばは、そのまま〝微笑もて正義をなせ〟という表現につながっただろう。

このことばを受けて、惣次郎が考えたのはこういうことだった。

（おれの生い立ちはたしかに不幸だ。決して幸福とはいえない。しかし、だからといって、その不幸を売りものにしたり、他人に仕返しをしたりするのは間違いだ。むしろ、苦労したのならしたなりに、その苦労を人間としてのおれの肥料にしていこう。それには、何よりも他人にやさしく、他人を喜ばせられる人間になろう）

ティーン・エイジャーの少年が、整然とことばにしたわけではなかったが、考えとしてまとめたのはそういうことであった。

青年になって、多摩地域を巡回指導するようになると、沖田の剣術はらんぼうだといって、村人はかなり辟易《へきえき》した。しかし、かれの人柄については、誰もが、

「いつも冗談をいって、他人を笑わせる人だ」

といった。京都に行ってからは、なおそういわれた。その原点は少年時代にある。沖田は自分の少年時代の経験を、反面教師にしたのだ。自分のつらい経験を楯にとって他人に当たるのでなく、逆に誰にでもやさしくしていこうと思った。

それはこの世には自分と同じように、いやもっとつらく、哀《かな》しい人間がたくさん

いることを知ったからであった。沖田総司は、自分の痛みを正確に知ったからこそ、他人の痛みも正確に理解したのである。

冬の川に立つ鷺《さぎ》

安政五年（一八五八）という年は、日本の政治に大変動のあった年でもあった。が、沖田惣次郎にとってもたいへんな変化のつづいた年であった。まず道場を養子の島崎勇が継いだ。いきおい勇は近藤と姓を変えた。近藤勇は自分が道場主になると、惣次郎をいきなり塾頭に据えた。

「え、塾頭？　内弟子の私がですか」

さすがに惣次郎はびっくりした。近藤はにこにこしてうなずく。

「そうだ。それだけでなく、これからは私といっしょに多摩へ出稽古《でげいこ》にも行ってもらう」

「……!?」

惣次郎の胸は感動でうずいた。今日までの暗い生活は、近藤勇によって一挙に粉砕された。沖田惣次郎の二十四時間をおおっていた灰色の厚い雲を、近藤はいきなりひき裂いて、その裂け目からパッとまばゆい陽光をさしこませたのである。

近藤勇もまた、今日までじっと満を持してきたのにちがいなかった。養父母に仕える養子としておとなしく従ってきた。が、その胸には、動乱の時代に生きるひとりの青年剣客として、自分が住む道場の改革の必要をひしひしと感じていたのだ。

（剣術道場もまた、時代とともに生きなければダメだ）

という思いを、強くもっていたのである。

だから、家を継ぐと同時に、一挙に自分の考えを噴出させた。惣次郎抜擢《ばってき》もそのひとつであった。

しかし、道場改革をすすめるのに、実質のともなわないことを近藤がするわけがない。近藤は惣次郎の体内にひそむ、剣士としてのたぐいまれな才能にいよいよ瞠《どう》目《もく》していた。このごろでは、

（この少年は十年にひとり、いや百年にひとりしか生まれない剣の天才かもしれない）

と思っていた。

かなり前から、家の雑務を極力少なくさせ、小うるさい養母には、

「看板剣士を育てるのですよ」

とごまかして、惣次郎を徹底的に鍛えた。あらゆる仕事がそうだが、人間は修練次第で、つまり努力次第で、ある程度のところまでは技術が向上する。しかしその後の限界を突破するのは、やはり才能だ。剣術も同じである。音楽・絵画などの芸術と同じような才能がいる。

沖田惣次郎は剣の才能をもっていた。だから近藤の指導で、普通人が反応する倍も三倍も反応した。育てるのが心から楽しみな弟子であった。

安政五年には、惣次郎も十五歳になっていた。近藤は惣次郎の名をよぶのに、よく、

「そうじ」

といいかけては、

「まちがった、そうじろう」

とすぐいいなおした。しかし、そのたびに、

「それにしてもいいづらいな。そうじというほうがよびやすいよ。が、おまえの親がつけた名は、まわりでも大事にしなければな」

苦笑しながら、そんなことをいった。近藤らしい誠実さの表れであった。

近藤の惣次郎に対する肩入れは、さらに拡大された。

惣次郎の父や義兄の出た井上本家の井上松五郎や、名主《なぬし》の佐藤彦五郎ら日野の名家群と相談して、この年の秋に、日野の八坂神社に額を献じた。天然理心流一門が奉納するという形の額だったが、近藤にすれば、いよいよ自分が中心になってひろめることになった剣法の、デモンストレーションのつもりもあったろう。この手のデモンストレーションは、その後も六所宮（大国魂《おおくにたま》神社・東京都府中市）の野試合といった形で続行される。

八坂神社の献額には井上・佐藤以下の氏名がずらりと並んでいるが、名前のトリ（最後）は近藤（記名は島崎勇）である。その前に「沖田惣次郎、藤原春政」という名がある。

額の形式からいうと、ここに書かれた人間の格は、後尾の近藤が首位で沖田が次位になるのだという。沖田に対する近藤の思い入れがわかるような気がする。そしてその思い入れは、この額の次位に沖田をランクすることは、

○沖田を塾頭にすることの表明。

○ということは、今後内弟子という扱いをいっさい払拭《ふっしょく》することの宣言。
○あわせて、この年、十五歳になった沖田を、今後一人前の武士として扱うという表明と沖田への祝意。

そんな意味がこめられていただろう。そして、そのどれもこれもが、沖田に対する近藤の好意以外の何ものでもなかった。今日までの六年間、じっとこらえてきた沖田少年への近藤なりの褒美《ほうび》だったのである。

故郷に錦を飾る、とは、まさにこのことであった。孤児同様の境遇に追いこまれ、他人の家に〝口減《べ》らし〟のために預けられた貧乏児沖田惣次郎は、いま、先生とよばれる立場で多摩の里に戻って行く。そこで、多くの知己に剣を指南するのだ。しかも江戸の本拠では塾頭である。

一変した環境に胸がおどらないといったら嘘になる。献額がすんでまもなくのある冬の一日《いちじつ》、沖田惣次郎はこのお礼を兼ねて近藤勇に連れられ、多摩地域の有力者のところにあいさつに行った。佐藤彦五郎や町田の小島鹿之助たちが好意ある目で迎えてくれた。

佐藤家で、近藤は惣次郎に、ひとりの色の白い、終始柔和な微笑を絶やさない二十五歳くらいの男を紹介した。

「この人は歳さん、いや土方歳三《ひじかたとしぞう》だ。となりの石田村の人だよ。佐藤さんには義理の弟になる。こっちの方面の稽古を手伝ってもらっている」

よろしく、と歳さんとよばれた男は沖田に頭をさげた。苦労してきているな、ということは、その表情と態度で惣次郎にはすぐわかった。ほぼ十歳もちがう年下の沖田に、歳さんの態度は謙虚《けんきょ》だった。

「そうじ、姉さんのところに行ってこい、今夜は泊まってもいい」

近藤がいった。目を輝かせて惣次郎は礼をいい、パッととびだした。道を走った。浅川のほとりに出た。

途中、惣次郎は急に足をとめた。川の中に一羽の鷺《さぎ》がいた。鴨《かも》の群れはよく来るが、鷺がいまごろこのへんにいるのはめずらしい。しかも一羽だ。それも小さい。子どもの鷺だ。

が、その小さな鷺は一人前に、一生懸命餌《えさ》を探していた。冷たい冬の川に脚をいれて、敏捷に魚を探していた。そして、やがてパッと嘴《くちばし》を川の中に突き入れ、一匹のウグイをはさんだ。

（やるな）

惣次郎は微笑した。そして、なぜかその鷺に親近感をもった。

（そうだ、その意気だ。子鷺よ、がんばれ）

と声援したい気持ちだった。

（どんなにつらくとも泣くなよ。どこかにきっと仲間がいるぞ）

そんなことを考えると、惣次郎は、いま自分は決して孤独ではないと思った。近藤勇はじめ多くの人が温かい目を向けてくれる。

それは、沖田惣次郎というひとりの人間が、剣をもって今後堂々と生きて行くことを承認し、期待する目であった。

（おれは、この世の余計者じゃない、無用者じゃないぞ）

その自覚をもてたことが何よりもうれしかった。

「やるぞ、おれは」

銀色に流れる浅川沿いの道を、十五歳の沖田惣次郎は大きく叫んで走りだした。

その惣次郎が総司と改名するのはいつのころであろうか——。

河合耆三郎　武士になれなかった男の悲劇

一番りっぱな河合の墓

京都の壬生《みぶ》寺の一角に、新撰組隊士の墓があるのはよく知られている。局長であった芹沢鴨《せりざわかも》ほかの墓が建てられている。主として、新撰組の「隊則」に背いて、切腹させられたり、あるいは処刑された人々の墓だ。

一番奥に、近藤勇の胸像が建っている。これは、映画俳優の上田吉二郎さんが建てたものだ。この墓の群れの中で、ひときわ目立って立派な墓が一基ある。正面に「河合耆三郎《きさぶろう》源義輝之墓」と彫り込んである。左側に「播磨《はりま》高砂《たかさご》産享年廿九歿時慶応二年丙寅春二月十二日」と書いてある。

播磨高砂というのは、いまの兵庫県高砂市のことだ。河合耆三郎は、この高砂で大きな塩の問屋をやっていた河合儀平（信兵衛）の長男だった。天保九年（一八三八）生まれである。新撰組が結成されたごく初期に、隊に入った。新撰組では「会計方」を務めていた。かれが、商人の出身だったからである。

慶応二年（一八六六）二月十二日に斬首された。罪は、「公金の使い込み」であった。名誉な罪名ではない。そのために、隊則では、武士としての面目を保つために、多くの刑が切腹だったが、かれの場合は首を斬られるというたいへん不名誉な処刑のされ方をしている。

それにしても、局長の芹沢鴨その他を差しおいて、単なる会計方であった河合の墓が、一番りっぱだというのには、それなりの理由がある。

そもそも、商人の息子であった河合が、それではなぜ新撰組に入隊したのだろうか？

商人出身の河合

河合は、商用でよく大坂に来た。あるとき大坂で、「隊士募集　新撰組」という高札《こうさつ》を見た。いったん、高砂に戻ったかれは、父の儀平に相談した。

「新撰組に入って、武士になりたい」

といった。反対するかと思ったが、父は双手をあげて賛成した。

「それはいい。おまえがお侍《さむらい》さんになれるのなら、どんなことでも応援してやる」

といった。河合は、父親の理解と応援を得て、勇躍して京都にやって来た。

当時、新撰組は局長近藤勇の方針で、入隊する者の資格を問わなかった。つまり、武士でなくても、医者でも町人でも農民でもだれでも採用した。ただ、ひとつ条件があった。それは、隊則の一番目に、

「士道ニ背キマジキ事」

というのがあるが、何よりも、これを守るということだ。

つまり、近藤の考えでは、

「身分を問わず、だれでも新撰組隊士として能力のある者は採用する。しかし、いったん入隊した以上、すべてについて武士として扱う。したがって、隊士は武士と

しての心構えを貫く義務がある。もし、武士としての体面を汚《けが》すようなことをした場合には、処刑する」

ということであった。いわば、「士農工商」という身分制を逆用して、「農工商」の出身者すべてを「士」に格上げするということである。それは、近藤自身が農民の出であったから、こういうことを考えたのだ。それは、副長の土方歳三も同じである。土方も農民の出身だった。

しかし、かれらが育った多摩地域には、八王子千人隊という特別組織があって、長年、徳川家に忠誠を誓ってきた。近藤たちは、この千人隊の影響を強く受けていた。

そして、「我々こそ、純粋に徳川家に忠義を尽くす人間だ」という自覚をもっていた。その自覚を、隊士全員に求めたのである。

河合が入隊するときも、当然、面接が行われた。面接者は土方歳三である。土方は河合にきいた。

「なぜ、新撰組に応募したのかね?」

河合は、ためらったのちに答えた。

「お国に尽くしたいからです」

「国に尽くすのには、別に新撰組に入らなくてもいいだろう」

「それはそうですが、でも、他の場所では武士になれません」

「きみは、武士になりたくて新撰組に入るのかね？」

土方の質問は鋭い。また、針が含まれている。どういうわけか、土方は商人が嫌いだった。かれ自身が行商人の経験があったせいかもしれない。

が、土方が嫌ったのは、商行為ではなく、一部の商人がもつ〝商人根性《こんじょう》〟だった。つまり、人の顔色を窺《うかが》ったり、腹にもないことをいいながら、半ば客をだまして物を売りつける態度である。

「そんな奴が、武士になれるものか」と思っていた。

面接では、どうしても第一印象がその人間に対する採否を決めさせる。その意味でいうと、河合の第一印象は土方にとって、あまりいいものではなかった。土方の見たところ、河合の態度は、まるっきりかれの嫌いな〝商人根性〟丸出しだった。

土方は、腹の中で考えていた。

（こんな奴は、採用したくない）

このときは、隊の草創期だったので、近藤もこの面接に立ち会っていた。近藤は、土方とは逆に、河合に好感をもった。それは、河合がはっきり、「武士になりたくて、新撰組に入りたい」といったからである。腹の中で、こいつは不採用だと決めている土方に対して、近藤がいった。

「なかなかいいじゃないか。採用しよう」

思わず、えっ？　という顔をする土方に、近藤はうなずいてみせた。土方は不満だったが、河合耆三郎は、こうして新撰組隊士として採用された。

土方の嫌った〝商人根性〟

しかし、その後の河合の生き方は、かならずしも武士精神に徹したものではなかった。どうしても、いままでの商人の経験が生活技術として前に出てくる。それに、父親の儀平が、故郷を出るとき、こういう助言をしていた。

「お侍《さむらい》さんの仲間に入れていただくのだから、みなさんからかわいがられるようにしろ。そのためには、うまくやることが大事で、決してでしゃばったり、人から嫌われるようなことをしてはだめだ。金ですむことなら、いくらでも送ってやるから、交際費をふんだんに使え。足りなければ、いくらでも送ってやる」

河合は、はじめのうちは、父親のいうことを信用しなかった。そんなことまでしなくても、新撰組は入隊者を公平に武士として扱うのだから、ひとりでも生きていけると思った。が、そうではなかった。

近藤の方針がいくら、「いったん、隊に入隊したら、全員を武士として扱う」といってみても、その考えを自分の考えとしない者もいた。主として、それは根っからの武士である。かれらは、農民や商人から武士に成り上がった隊士をばかにした。(きさまらは、新撰組だからこそ武士になれたのだ、他の社会では通用しない)というさげすみの目を向けた。特に、中国から伝わった儒学の影響で、商人が軽蔑された。勢い、商人出身の河合に、冷たいまなざしが集中した。

ここで、河合は父親の助言を思い出した。かれは、だいたいがやさ男である。また、態度も柔和だった。人に対して腰も低い。近藤が、

「なかなかいいじゃないか」といったのは、河合のそういう謙虚な態度に対してであった。

河合は結局、「うまくやろう」と思った。そこで、頼まれれば、金に困っている

隊士の借金を快く引きうけたり、あるいは夜勤者に差し入れをしたりして点数を稼《かせ》いだ。そういう河合の態度は、しだいに武士出身の隊士たちの冷たいまなざしを消していった。

「河合という奴は、なかなか話せる」という評判が立った。

しかし、そういう河合の姿を、じっと冷たく見据えている人物がいた。副長の土方歳三である。土方は、近藤にいわれてしぶしぶ河合を採用したものの、この男が本当の武士になれるとは思っていなかった。

（こいつに漂っているのは、あくまでも商人根性だ）

と思っていた。そういう点、土方の性格は執拗《しつよう》だ。だから、冷たいまなざしで、

（いつか、化けの皮が剝《は》げる）

と思っていた。

河合の処世術に輪をかけたのが、父親である。父親は、商用で大坂に出て来ると、かならず新撰組の屯所《とんしょ》に寄った。そして、近藤や土方をはじめ、幹部たちにたくさんの贈り物をした。あげくの果てに、近藤や土方に対して、

「隊の費用で、不足する分がございましたら、いくらでも結構ですからお申しつけ

ください。息子がたいへんご厄介になっておりますので、どんなに多額でも、いといません」

などといった。近藤は、器量の大きい人物だから、

「いや、どうもありがとう。しかし、あなたのお世話になるほど新撰組も困ってはいない」

と笑って応じた。土方は、苦虫を噛《か》み潰したような表情をして、この商人め！という色を露骨に示していた。だから、父親のこういう処世術は、逆に土方の怒りを増幅させた。

そして、河合にとって不幸な事件が起こった。慶応二年（一八六六）二月二日のことである。

悪条件が重なる

この時期、徳川幕府は日に日にその威光を失っていた。その最もきわだった例が、長州藩が挑発的に幕府をばかにすることであった。

元治元年（一八六四）、京都御所に突入した（禁門の変）長州藩は、朝敵として征

伐された。そのときに、きびしい制裁を加えられた。いろいろな条件を課せられた。が、様子を見ているとどうも、長州藩はその条件をひとつも守っていない。そこで日々失われつつある威光を取り戻そうとした幕府は、長州藩の約束違反をとがめて、もう一度、長州征伐軍を起こそうとしていた。

長州訊問使《じんもんし》が広島まで行って、長州藩の代表を訊問した。この護衛隊長に選ばれたのが、新撰組局長近藤勇であった。そのため、この事件が起こったとき、近藤はいなかった。近藤がいたら、あるいは河合も首を斬られずにすんだかもしれない。河合にとって不幸なのは、近藤の留守中、隊の取り仕切りを行うのが、副長の土方歳三であったということである。

このころは、隊にも不祥事がつづいて、前年には、総長の山南敬助が脱走罪によって切腹させられていた(ちなみに、河合の墓は壬生寺のほかにもう一基あって、この山南敬助の墓にも、その名が刻まれている。ふたりの墓は、京都市内の光縁寺にある)。また、幹部の大石という男が、町で殺傷事件を起こしていた。

頭の痛いことずくめであった。そのため、土方の神経もそうとうに高ぶっていた。事件は、そういうときに起こった。河合にとって、まったくついていない時期である。

　商人出身ということもあったが、河合の如才《じよさい》のなさと、またそろばんや読み書きの達者さを買われて、近藤の指示によって、河合は「会計方」を命ぜられていた。しかし、その主任というわけではなく、次席の役を与えられた。主任は岸島芳太郎という隊士である。

　事件というのは、この二月二日の日に、河合が金庫を開けて残金を調べてみると、帳簿に載っている金額よりも五十両足りなかったことだ。河合はびっくりした。何度も金を数えなおしてみた。しかし五十両たりない。

（だれかが盗んだ！）

　河合は直感した（この足りない金は、一説によれば土方が故意に盗ませたのだ、という説が残っているが、そんなことはないだろう。土方はそこまでやる男ではない）。

　この日、副長の土方は、大坂の商人である京屋という男と、交渉事をしていた。のちになって、この交渉の内容を知る隊士によれば、土方は、やがて戻ってくる近藤のために遊郭からある遊女を身請けしようとしていたらしい。そのために五百両の金が必要だった。

土方は、河合をよんだ。このときは、単純に会計方のかれをよんだので、河合の首を斬ってやろうなどとは考えていない。土方は河合にきいた。

「いま、手元にどのくらい金が残っている？」

河合は、思わずドキッとしたが、しらばっくれて、

「五百両ございます」

と答えた。土方はうなずいて、京屋にいった。

「そのくらいでいいか？」

京屋は、

「結構でございます」

と応じた。土方は河合に、

「では、その五百両をすぐもって来てくれ」

といった。河合は真っ青になった。しかし、五十両足りないことをいい出せずに、会計の詰所に戻ってきた。体がガタガタふるえ出した。目はつり上がる。

（どうしよう！）

われを失った。恐怖心でいっぱいになった。近藤がいないからである。

ついに武士になれなかった男

河合が、このときとっさに考えたのは、

（すぐ高砂に使いを出して、父親から足りない金を送ってもらおう！）

ということである。しかし、この場をどう切り抜ければいいのか、河合は錯乱した。そこへ、土方付きの隊士が入ってきて、

「河合さん、土方先生がお金を急ぐようにとのことです」

といった。河合は、その隊士に五十両足りないことを話した。そして、

「盗まれたようだ」

と告げた。隊士は、思わずさげすみの表情を浮かべた。河合のいうことを信じていない。その隊士は、あきらかに、河合が盗んだと思った。かれは何もいわずに部屋を出て行った。土方に報告しに行ったのである。やがて、隊の監察役が出て来て、

「河合くん、副長の命令だ。きみを監禁する」

といった。河合は、うなだれて監察の後ろに従った。

監禁されたとき、河合は監察役に頼んだ。

「本当に、金は盗まれたのです。わたくしは使い込みなどしません。そこでお願いですが、故郷の父親にすぐ手紙を書きますので、急飛脚で届けさせていただけませんか。足りない金は、わたくしの責任で父親に埋めてもらいます。ぜひおねがいします」

その監察役は、新井忠雄（一業《かずなり》）といった。うなずいて、

「よかろう。おれも、きみが使い込んだとは思っていない」

といった。河合は新井に感謝した。急飛脚によって、高砂に使いが出された。しかしその夜、もう一度新井がやって来て、こういった。

「土方副長の命令で、きみを取り調べる。用部屋に来たまえ」

河合は顔色を変えた。それは、用部屋に行って調べられるということは、訊問《じんもん》後、ただちに判決が下されるからである。使いを出したばかりなのに、金が届かないうちに判決を下されたら、切腹以外ない。そう思って、河合は顔色を変えた。が、この訊問は新井忠雄の努力によるところが大きかった。土方は、はじめから、

「訊問の必要などない。河合は斬首だ」

といい放っていた。土方にとって、河合は信用のおけない会計方であった。かれ

は、河合が五十両足りないといっているのを、河合が使い込んだと頭から決めていた。それは、河合の、隊内でうまくやろうという日常行動が、土方にそういう思いをもたせたのである。

（あの野郎は、商人出身をばかにされないために、他の隊士を金でつって、ごまをすっていやがる。だから、金が足りなくなって、公金に手をつけたのにちがいない）

と思っていた。したがって、土方にとって、河合の弁解など聞きたくもなかった。訊問も省略して、いきなり、

「あの野郎の首を斬れ」

と命じたのだ。

監察方の新井忠雄は反対した。

「本人のいい分も聞かないで、それは少し乱暴です。河合は、商人出身ではありますが、小心者です。公金を使い込むような大胆なことはしないでしょう。いちおう、われわれに調べさせてください。われわれにも容疑者を取り調べる権利があります」

これをきいて、土方は思わず、

「この野郎」

という顔をしたが、やがてしぶしぶ承知した。

「調べても同じだよ」

といった。新井は、すぐ他の監察方にも声をかけた。芦屋《あしや》昇《のぼる》、吉村貫一郎《かんいちろう》、山崎烝《すすむ》などという連中で、同役だった。

用部屋に引き出された河合は、この四人の監察方の調べを受けた。本当に盗まれたのだから、河合は、それ以外のことをいわなかった。ただ、

「盗まれたにせよ、公金が足りなくなったのはわたくしの責任ですから、わたくしが弁償します。いま、急飛脚で故郷に使いをたてておりますので、高砂までの往復を考えて、どうか十日間ご猶予ください」

と嘆願した。新井のとりなしで、河合に冷たい目を向けている他の三人の監察役も、結局、十日間待とう、ということに決めた。このことを新井が土方に報告に行くと、土方は、

「そんな必要はない」

と不機嫌な顔をした。土方は、あくまでも今夜中にでも河合の始末をしてしまいたかった。

近藤が帰ってくれば、また、

「歳さん、いいじゃないか、追放ぐらいで勘弁《かんべん》してやれよ」

といいだしかねないからだ。土方はそうしたくなかった。土方はあくまでも河合を処刑したかった。しかし、それではなぜ土方はそれほどまでに、河合の処刑を急いだのだろうか。

土方の論理は、こうである。かれの見たところ、河合耆三郎《きさぶろう》はついに武士になれなかった。あいかわらず商人のままであった。商人時代に身につけた処世術を、そのまま隊内に活用していた。それは、「金を使って、うまくやる」ということである。土方は、こういう河合の態度が大嫌いだった。それは、土方も近藤の方針を支持していたからである。近藤の方針を支持していたというのは、

「農民や商人の出身であっても、一度、新撰組隊士になったからには、武士としての心構えを貫かなければならない」ということだ。

河合には、それがなかった。なかったというよりも、土方がそう見なさなかった。

土方の見る河合は最後まで商人だった。商人の処世術を使って、武士をたぶらかす存在に見えた。土方はつねに、

「（河合のような奴を、そのままにしておくと、他の隊士に悪い影響を与える）

と思っていた。つまり、近藤や土方が努力して築いてきた「あらゆる階層の人間を、すべて本当の武士に仕立てあげる」という理想が壊れてしまうと思った。

近藤がかばっているので、近藤がいるときは土方も無茶はできなかった。しかし、はっきりいえば、土方は、河合が入隊した日からターゲットとしてねらっていた。土方には、土方なりの新撰組に対する愛情があった。かれは、当時〝オニ〟とよばれていた。粛清につぐ粛清を実行していたからである。しかし、かれはひるまなかった。

「そうすることが、隊の結束を固めていく」と思っていた。そして同時に、

「それが隊則第一条に定めた〝士道ニ背キマジキ事〟を守り抜くことにつながる」

と考えていた。

十日経《た》った。しかし、高砂の父親からは金を送ってこなかった。河合は、焦燥の極に達した。そして、何度も新井に、

「高砂からまだ金が届きませんか？」

ときいた。新井は根気強く、

「まだだ。しかし、今日にでも来るだろう」

となぐさめた。

慶応二年二月十二日、土方歳三が決断した。

「河合を処刑しろ」

新井はきいた。

「刑は切腹ですか」

土方は新井を見返して冷たく首を振った。

「斬首だ」

「それは、武士としてはなはだ不名誉な刑になりますが」

これに対して、土方は、こういい放った。

「河合は武士ではない。商人だ」

新井は絶句した。それ以上何をいってもむだだと覚《さと》った。

こうして、この日の夜、屯所の道場脇に引き出された河合は、むしろの上に座ら

せられた。それを見て、河合は、

「切腹ではないのですか⁉」

と悲鳴に近い声をあげた。沼尻小文吾《ぬまじりこぶんご》という隊士が、処刑人になった。しかし、沼尻は二回、河合を斬りそこなった。それは、首を斬られる河合が、ワァワァ泣きながら逃げ出したからである。これを見て、さすがの新井たちも、土方のいったことが正しかったことを知った。そこにいたものは一様に、

（やはり、こいつは武士ではない）

と思った。

河合が処刑されて三日後に、高砂から父親が金をもって飛んできた。しかし、河合がすでに処刑されたことをきくと、顔色を変えて立ちつくした。

その後、この父親は、多くのお坊さんを動員して、お経を読ませながら新撰組屯所の前を何度も行ったり来たりさせた。そして、壬生寺に、これみよがしに一番りっぱな墓を建てた。現在残っている河合の墓がりっぱなのは、こういう事情に基づいている。

武士になろうとして、精神まではついに武士になれなかった男の悲劇である。あ

るいは、性急にそういう自己変革を求めた土方歳三の執念の産物かもしれなかった。

第二部

佐々木只三郎　新撰組と京都見廻組

京都孤篷庵《こほうあん》

孤篷庵《こほうあん》を、佐々木只三郎《たださぶろう》は愛した。真の京都がこの茶室の中にある、と思った。孤篷庵は紫野《むらさきの》大徳寺の境内にある小堀遠州《こぼりえんしゅう》（茶人・造園家）設計の庵《いおり》である。キリシタン灯籠《とうろう》を配した庭のきわまるところに那智黒《なちぐろ》の石がいっぱいに敷き詰めてある。その石の池の上に茶室の側面がせまり、その側面の一部が削《けず》られて横に長い空隙《くうげき》をつくっている。冬でも外気が直接室内に流れこむ。

この空隙に実は得がたい意味があった。月の美しい時期、大気をすべり下りてきた月光は孤篷庵を浸し、とくに那智黒の石の池にそそぐ。月光は石の群れにはじきかえされ、茶室側面の空隙から室内の天井に照射される。天井には砕かれた月光が散って、さざなみのようにゆらぐ。このさざなみを海のさざなみに見たてる。すなわち――茶室が一艘《そう》の舟に見たてられるのである。波の間を行く舟である。月光の照射をそのように工夫した遠州の設計に舌をまく。

「雅心《がしん》、きわまれり」

只三郎は、遠州という男の心にひそむ無限の風流心に憧憬《しょうけい》の念をもつ。いま、京都の空気はたたきぬいた竹刀《しない》のようにささくれ立ち、この千年の歴史をもつ京都に住む人々がすべて殺気《さっき》立っている。

動乱の秋、激動の時代、歴史が新しく綴られはじめていた。歴史がはげしく動くときのあの不安が大きく京都をおおっている。期待は、むしろ、ない。歴史の行き先を見きわめることは、とうてい不可能だからだ。

その京を、只三郎は今日発《た》つ。密命を受けていた。老中板倉伊賀守勝静《いがのかみかつきよ》の密命を、京都所司代を通して只三郎はきいた。密命とは、

「清河八郎を斬れ」――。

この春、江戸から二百数十名の浪士が入洛《にゆうらく》した。過激尊攘の志をもち、不穏な言動を弄《ろう》する浪士が当時江戸に満ちたので、幕府はこれをまとめて京都へ送りこむ策をたてた。

たまたま将軍徳川家茂《いえもち》が孝明天皇に攘夷期日の約を果たしに上洛《じようらく》する。浪士組はこの将軍警護別働隊としての役を与えられた。将軍はしかし東海道をのぼり、浪士組は中山道を行く。警護は名目である。将軍もまた浪士組に身辺警護を頼むほどおちぶれてはいまい。

たとえば、東京はいまゴミの始末で苦しんでいる。ゴミはどこでもいやがられる。どこかへ行ってくれるとほっとするという一般の心情がある。幕府の浪人たちに対する心情も同じである。とにかく江戸からいなくなってくれればいい。トラブルメーカーはたくさんだ、という思想である。講武所《こうぶしよ》の剣術の先生を何人もつけて追っぱらった。ゴミ浪人の群れはしかし追われっぱなしにはならなかった。

京都へ着くと、将軍なんかおっぽり出して天皇に直訴《じきそ》した。至誠のかぎりを尽くして攘夷を実行したい、と。孝明天皇の異人ぎらいは有名だ。異人という化物《ばけもの》でも見るような気でいる。恐怖に近かったかもしれない。顔中鼻でできているような異人の浮世絵を見せて、さらにその気持ちを煽《あお》る奴がいる。攘夷は孝明天皇のゆるがぬ気持ちになった。

浪人たちの志はきかれ、勅諚《ちょくじょう》まで出た。天皇の書き付けをもって、浪士組は逆に、幕府に攘夷実行を迫る正式な圧力集団に変わった。

根本的な処理をせずに、ただ江戸から追ったゴミ浪士が居直ったのだ。浪士組は同じゴミでも燃やしても燃えぬ、埋めても腐らぬ産業廃棄物のようなしたたかなゴミだったのだ。

浪士組の挙はいうなればゴミの反乱である。その中心が清河八郎である。幕府枢要部の憎しみはすべて清河に集中した。浪士組監視の役でついて行った講武所の剣術の先生たちに指示が出る。前記の清河を斬れ、という密命である。

講武所奉行の高橋泥舟《でいしゅう》を責任者に、佐々木只三郎、速見《はやみ》又四郎、高久安二郎、依田《よだ》哲二郎、永井寅之助《とらのすけ》、広瀬六兵衛の六人が浪士出役として東帰する浪士組について行くことになる。老中板倉の指示は、旅の間に斬ってしまえということになっている。時に、文久三年（一八六三）三月十三日。

只三郎の孤篷庵見学は、京への別離の念をこめている。

（再び京へ来られるかどうか……）

来てこの好きな孤篷庵の月光のさざなみの中に、風流の極致をきわめうるかどうか、おそらくだめだろうな、と思う。

将軍親衛隊の旗本である只三郎にしてみれば、江戸以外の地を踏む、ということは全くといっていいほどない。将軍が江戸に戻れば死ぬまで江戸住まいだ。それがすこしさびしく思えるのは事実である。

庵を出て町に通ずる寺内のだらだら坂を東に向かって歩き出すと、すぐ十数人の浪士にかこまれた。夏が来るというのにまだ綿入れを着ている。刀をさしていなかったら物乞《ものご》いだ。緊張すると、そのうちの一人が丁寧に頭をさげて一通の封書をさし出した。

「清河一味と袂《たもと》を分かって京都に残留する者です。大樹公（将軍の意）への誠忠を尽くしたく、ついては佐々木様のお兄上が会津藩御重役と承りましたので、ご仲介の労をおとりいただきたく、ご小憩のお邪魔をいたしました。非礼の段、おわび仕《つかまつ》ります」

物乞《ものご》い浪士にしては礼を尽くした態度である。只三郎は、ああ、とうなずいた。

江戸からきた浪士がすべて清河に共鳴したわけではない。真の共鳴者、付和雷同《ふわらいどう》者、あるいは清河に恐喝《きようかつ》されて縮んだ者などが東帰組の中身だが、その中で徹底的に抵抗した浪人群がいる。江戸で試衛館《しえいかん》という只三郎がきいたこともないような剣術道場の一門と、数人の水戸浪士である。只三郎は、清河への気持ちの反動として、

「預かろう」

と応じた。浪人たちは肩をたたきあわんばかりの喜びを表情に見せた。守護職会津藩松平家に手代木直右衛門《てしろぎすぐえもん》という重職がいる。只三郎の実兄である。

浪人たちの気持ちの底には明日からの生活、というものもたしかにあろうが、時流に逆らって、落ち目の徳川家に尽くしたい、という浪人たちの気持ちは、只三郎に清冽《せいれつ》な印象を与え、快かったのである。

孤篷庵に漂う雅趣《がしゆ》の名残《なご》りがまだ身に沁《し》みついていたのと、京都にせめてそういう純度の高い人間の一群を据えておきたい希望が湧いたことも事実だ。

「守護職もお喜びになろう」

本来、人事の鉄則は依頼者に過大な期待をもたせないことだ。けっして約束をしてはならない。うまくいかなかったときに落胆《らくたん》にとどまらず、不信を招く。それを

只三郎は冒した。しかし、只三郎は空約束をしたのではない。本気で洛東《らくとう》の金戒光《こんかいこう》明《みょう》寺内にある会津藩本陣に兄を訪ねるつもりでいた。十数人の浪人ははしゃぐような身ぶりで、いつまでも只三郎からはなれずに送って来た。

(根は悪くない)

浪人たちの邪気のなさに只三郎の心もなごんだ。こいつらが会津藩の知遇をうければ、京都守護の実戦に役には立たなくても、ただ、いる、というだけで、庭隅の小さな野の花ぐらいの役は果たすかもしれない。只三郎は物乞《ものご》い浪士に善根をほどこしたような満足感を覚えた。浪人たちに本気で肩入れしようと決意した。

一ヵ月後、すなわち文久三年(一八六三)四月十三日、佐々木只三郎は江戸麻布一之橋上で清河八郎を斬殺した。只三郎が速見又四郎と二人で前面から、高久安二郎ほか三名が背面から挟《はさ》みうちにし、即死させた。只三郎は直接手を下さず、旧知の清河に、

「清河先生、お久しぶりです」

とあいさつし、清河に「よう」と笠の紐《ひも》を解かせた。そのわずかな隙《すき》をねらって背面組が刀をふるったのである。闇討ちである。あまりあと味のいいものではなか

った。

そんな只三郎に、京都からの長文の礼状が届いた。あのときの物乞《ものご》い浪士の代表からであった。ご推挙のおかげでわれら十三名、守護職預りとなり、京都治安の任に当たっております、とあった。そして、

「隊の名は新撰組としました」

と書き添えてあった。差出人は近藤勇とある。新撰組も近藤勇も、只三郎はすぐ忘れた。ただ、浪人たちが路頭に迷わなくてよかった、と安堵《あんど》した。只三郎がこのふたつの名を、こんどは嫌というほど四六時中頭の一角に据えなければならなくなるのには、さらに一年の月日を必要とする。

壬生《みぶ》の狼《おおかみ》、新撰組

その一年の月日ののちに――。
佐々木只三郎《ただざぶろう》は再び京都に赴くことを命ぜられた。こんどはゴミ浪人の輸送ではない。日本の政局はすでに京都に移っていた。日本の主権の存在が攘夷・開国の論争を通じてクローズアップされてきた。尊王・佐幕が攘夷と開国に結びついて事態

をさらに複雑にした。

開国、佐幕だからといって、ただちにアンチ尊王には短絡《たんらく》しない。井伊直弼《なおすけ》など典型的な尊王開国論者であり、新撰組も尊王佐幕論者である。思想と行動が多くの矛盾《むじゅん》を含んだまま、カオス状にあるのが文久年間（一八六一～六四）の日本の社会状況であろう。

しかし、権力組織に何のつながりももたない日本浪人群は、新たな拠点をつくりだした。天皇である。日本の古文化の保持と伊勢神宮の神官代表に位置づけられていたその存在を、主権者としてレッテルを貼り替えた。

当時、孝明天皇が腐った魚や水の入った酒を飲んでいた話は有名だから、京都朝廷の成員の貧窮度は容易に想像できる。しかし、社会変革の原動力が物心両面の差別の撤廃《てっぱい》にあるのならば、これは凄絶《せいぜつ》な闘争をともなう。

京都は流血の巷《ちまた》となった。只三郎に命令が下りたのは京都治安の任につけ、ということである。職務は編制される新隊の隊名が示している。すなわち、京都見廻組――。

組頭《くみがしら》は備中《びっちゅう》浅尾藩主蒔田《まきた》相模守《さがみのかみ》と交代寄合《こうたいよりあい》松平因幡守《いなばのかみ》の二人。江戸の町奉行と同様、一ヵ月交替で勤務につく。一組二百人ずつで編む、というからちょっとした人数である。

隊員は旗本の二、三男坊、あるいは京都のお城番与力《よりき》や、所司代付の同心などの中から、剣技に長じた者を選んであてた。蒔田組はわりあい早期に隊の編制の見通しがすんだので松平より一足先に入洛、ただちに任についた。元治元年（文久四年を改元）五月二十七日のことである。

只三郎は、この京都見廻組与頭《くみがしら》を命ぜられていた。高久安二郎ら講武所の仲間もいっしょに旅立った。

（また孤篷庵が見られる）

只三郎はそう思った。ほのかに胸の奥で喜びがよみがえるのを感じた。しかし、孤篷庵どころではなかった。京都ではもっとすさまじいものが只三郎を待ちかまえていた。それは、幕末という異常な時代が生んだ突然変異物といってもよかった。いうまでもなく、新撰組である。

脇道に入るが、見廻組の名を高めているのは、例の坂本龍馬と中岡慎太郎《しんたろう》の暗殺である。真犯人についてはいまだに諸説がある。

今井信郎《のぶお》という元見廻組隊士の自白があるので、現在この記録がいちおう正史とされているが、この今井信郎のお孫さん（今井幸彦さん）がお書きになった『坂本龍馬を斬った男』を読んでいて、あれ、と驚いたことがある。

それは、今井信郎の息子さん（著者のお父さん）の奥さんが今井邦子さんだ、ということである。今井邦子さんは有名な歌人でぼくでさえ子どものころから知っている。

さらに、ぼくは数年前、今井邦子さんの生家に無断侵入して（といっても、この家に住んでいらっしゃる岩波さんという女流歌人に、この家の持ち主である故塩田良平先生のお弟子さんである萩野さんという都立大学の先生にお願いしてもらって）泊まりこんだことがあるからだ。

家は下諏訪の本陣脇にある旧女郎屋で、いまだにそのころの造作を残した朽《く》ちかかった大きな家だ。女郎の拷問《ごうもん》部屋も天井裏にあったし、客と女が一体になる部屋への渡り廊下に散っていた枯葉の侘《わび》しさもまだ眼の裡にある。諏訪湖からひきこんだ湧き湯がひと晩中竹の樋《とい》から流れこむ風呂があって、これが井戸のように地面に穴を掘ったものであるのも風趣があった。

あとになってしまったが、ぼくがこの家に泊めてもらったのは、赤報隊相楽総三《せきほうたいさがらそうぞう》の事跡をもういちど調べるためである。幸い町には熱心な相楽研究家が何人もいて、岩波さんの紹介でそういう研究家のお話を聞かせていただいて助かったことがある。その岩波さんにも当時のお礼もろくに申しあげず、ごぶさたしている自身の横着さを、今井さんの本によって改めて思い知ったのだ。

今井信郎が息子の嫁になる女記者（邦子さん）を引見するなど、歴史の回転はとうてい人間の知恵では予想もつかない。いきおいこんで歴史に挑戦しようなどという大それた気持ちが、ガクッと膝をつかされるのも、実はこういう瞬間なのである。そしてそれが、やはり歴史は人間の綴るものなのだ、というなつかしい思いをやるせなく湧かせるのだ。

『坂本龍馬を斬った男』によれば、今井信郎の入洛《にゅうらく》は慶応三年（一八六七）十月とあり、龍馬が斬られた同年十一月十五日（奇しくも龍馬の誕生日）の直前になる。と書くと、何か龍馬を殺すために、剣の使い手である今井をわざわざ京都によんだようになるが、そうではない。「旅費を早くくれないからだ」とこの本には説明してある。そのとおりだろう。

しかし、今井信郎というと、見廻組創設時から参加していたかの印象をもっていたぼくには、この記述は新たに目をひらかせてくれた。この年の暮れには、幕府軍は戦争準備のために大坂城に集結してしまうのだから、今井の京都駐在はほんの二ヵ月だったのだ。

それはそれとして、元治元年（一八六四）五月末。京都へ着任して数日後、高久安二郎が呆《あき》れ顔で只三郎のところへやって来た。妙なのが町をうろついている、という。

「妙なの？」

「ああ。芝居の忠臣蔵みたいな羽織を着て、テレもせずに町を隊伍を組んで巡察しているのだな」

「忠臣蔵みたいな羽織とは何だ？」

「浅黄色のダブダブの羽織の袖口を白くダンダラに染めている。とにかく目立つ。おれならとても着られない。あの格好で街を歩かせられるのなら死んだほうがましだ」

何の話かよくわからない。しかし、高久の話を総合すると、赤穂《あこう》浪士の討ち入りのような格好をしているその集団は、守護職《しゅごしょく》会津藩松平容保《かたもり》の預りで京都の治安維持にあたっているという。

「何という隊だ」

「新撰組とかいったな」

「ああ」

只三郎は声をあげた。思い出したのである。清河八郎を斬るために京都を発った一年前、孤篷庵の外で嘆願書を渡したあの物乞《ものご》いふうの浪士たちだ。清河を斬った直後、たしかに近藤勇とかいう男から礼の手紙がきたことがある。編んだ新組織の名も新撰組だった。

赤穂浪士は火事装束《しょうぞく》で吉良《きら》邸に討ち入ったのであって、芝居で演《や》るようなあんな仰々《ぎょうぎょう》しい装束を着ていたわけではない。あの羽織は赤穂浪士の義挙を誇大化するための芝居の産物である。しかし、その仰々しい衣装を舞台上でなく実際の町で実用化する、というのはなるほど高久でなくてもテレる話だ。それをテレもせず敢《あ》えて着る、というのは——只三郎にはその理由がわかるような気がするのである。

というのは、孤篷庵前で会った十数人の浪士の貧窮ぶりがいまだにはっきり目に浮かぶからだ。すぐ夏が来るというのに、浪人たちは綿入れを着ていたではないか。それも、あちこちかなり破れた――。

が、そのボロ布の中に包み込まれた中身はかなり上等であった。至純一途《いちず》、徳川家のために尽くしたい、といった。その美しい心根と対照的なボロ綿入れとのコントラストが、只三郎の心を打ったのである。だから、只三郎は会津藩にいる兄に紹介した。ダンダラ羽織をテレもせずに着て、邪気のない笑顔で市中を歩く浪人たちの顔が、只三郎には、はっきりと想像できるのである。

「何だ、知っているのか」

只三郎のうなずきかたが自然なのに奇異な感じをもった高久が、只三郎の顔をのぞきこんだ。

「知っているよ。新撰組というのは、一年前、おれたちが江戸から送ってきた例の浪士隊の残党だ。それも清河に反対してそのまま京都に残った浪人たちだよ」

さすがに、おれが兄貴に推薦したのだ、とはいわなかった。只三郎はほほえんだ。

「無邪気でいいではないか。この殺伐《さつばつ》な京の町をそういう姿で歩くのも、おそらく京の治安を守るのには何の役にも立たんだろうが……可愛い仔犬《こいぬ》の群れだ」

途端、高久が目をむいた。

「ふざけちゃ困る。何が仔犬の群れだ？　奴等《やつら》は人斬りで食っているのだ。町では誰も新撰組とよぶ奴はおらんぞ、壬生《みぶ》の狼《おおかみ》とあだ名して恐怖の的だ」

「なに……」

只三郎は眉《まゆ》をよせた。信じられない高久のことばである。あの浪人たちが人を斬る？　試衛館《しえいかん》などというきいたこともない町道場の剣術使いたちが、いったいどれほどの腕をもっているのか。人を斬る胆力すらあるのか。只三郎には考えられなかった。只三郎からみて、あの浪人たちは狼どころではない。羊の群れだ。

その壬生の狼が只三郎を訪ねてきた。袖口を白くダンダラに染めぬいた羽織を着こんで。訪問者は、

「新撰組局長近藤勇です」

と名乗った。只三郎は、その顔を見て思わず、へっ、と飛びあがりたい衝動にかられた。なんとも奇妙な感じがつきあげてきたからである。

真の敵は……

「来月初旬某日、機密が洩《も》れますのでたしかな日時は申しあげられませんが、市中某旅館に不逞《ふてい》浪士が集結します。御所に火を放ち、騒ぎに乗じて守護職と中川宮を斬り、帝《みかど》を戴《たい》し奉ろうという計画です。新撰組はこれを襲います。ついては……」

見廻組もこれに参加されてはどうですか、という誘いである。情報提供でもなければ、助力の要請でもない。おれたちのやることをお裾《すそ》分けしてやるからどうだ、という口吻《くちぶり》である。

只三郎は呆気《あっけ》にとられた。そうしたほうが、見廻組の名がすぐあがるでしょう、と近藤はいう。一年前の会津藩への周旋の礼もその節は、と軽くすましている。どういうことだ、と只三郎はにわかに心が重くなり緊張しはじめた。本気で論議するのは馬鹿々々しいが、杭《くい》を打ちこまなければ近藤のこの妙な自信はますます育ってしまうだろう。只三郎はいった。

「見廻組は名をあげるために編まれたのではない。京の治安が保てればそれでよいのだ」

「その治安が問題です。尊攘浪士の背後には長州がいます。薩摩だってわからない。私たちの真の敵は浪士を操る藩です。これに立ち向かうには集団としての名が必要です」

「集団？」

只三郎はききとがめた。

「私は与頭《くみがしら》として、見廻組隊士ひとりひとりの自主的な生き方を重んずるつもりだ。隊士それぞれの生き方の集成で町にのぞみたい」

「だめですよ、そんなことは」

近藤は笑い出した。いまの京を制するにはもう個人の能力ではだめで、成員ひとりひとりの能力をすっからかんになるまで絞りだし、ひとつの壺《つぼ》にほうりこむことだ、と力説した。

そのためには隊規を厳正にし、違反者は容赦《ようしゃ》なく腹を切らせる、また、すでに切らせてきた、という。

「むごい」

只三郎は呻《うめ》いた。

「甘い」

近藤は応ずる。物別れになった。只三郎は荒涼たる気持ちになった。近藤の生き方は、いままでの価値体系の否定とともに、人間が人間でなくなろうとする論理に貫かれている、と思った。

孤篷庵の雅趣《がしゅ》を愛する只三郎には、容易に堪えられぬところであった。そうはいっても、しかし、只三郎の心の隅には、まだ、ボロボロの綿入れを着てにこにこ笑っている邪気のない近藤たちの映像が、きちんと座を占めているのである。

近藤たちが悪いのではない。時代が悪い。落ち着けばまた元に戻る、人間に戻る、只三郎はそう信じた。この信ずる、ということがすでに願望になり果てていることに只三郎は気づかなかった。

六月五日、見廻組は夜八時を期して三条小橋脇の旅宿池田屋へ出陣を命ぜられた。守護職、所司代、町奉行の軍がすべて動くという。大がかりな襲撃である。

只三郎たちは袴《はかま》の股立《ももだ》ちをとり、たすきをかけ、鉢巻きをして決闘の態勢をととのえた。あくまでも隊士のひとりひとりが自立した剣客として行動するように、と只三郎は指示した。個人尊重の精神が只三郎の見廻組の統御方針である。軍全体の準備が手間取った。時は流れるように消える。十時を過ぎた。武具のふれあう音が東山にこだまする。

当時の歴は陰暦だから、いまの七月中旬。盛夏。しかも祇園祭《ぎおんまつり》の最中ときている。他国からの山鉾《やまほこ》見物の人も多く、京都の人口は臨時にふくれあがった。

（諸民に怪我《けが》人を出したくない）

只三郎がそんなことを考えているとき、飛報がきた。

「新撰組が単独で斬りこんだ」

という。本陣はいろめき立った。守護職の指令した動員数は三千。その三千の兵で包囲しようというのに、新撰組は三十数人で斬りこんだ、という。しかも二手に分かれ、池田屋に斬りこんだのはたったの五人。

「馬鹿だ」

高久が吐き捨てるようにいった。馬鹿かな、只三郎はそう思った。近藤は賭《か》けた。新撰組の名を高めるために。凄まじい隊規で統制された一団が異常な闘魂のかたまりとなって斬りこんで行く光景が、ありありと目に浮かんだ。全軍に出陣命令が下った。しかし、池田屋の激闘は終わっていた。

池田屋の近くに着いた只三郎が見たのは、即死者七人、捕縛《ほばく》者二十数人の戦果をあげながらも、一人の死者を出しただけで、折れまがった刀をぶらさげたまま、壬《み》生《ぶ》の屯所《とんしょ》にひきあげて行く新撰組の姿であった。

壬生浪《みぶろ》、壬生浪という市民の恐怖の声が、サヤサヤと人群れの中を風のように渡った。その恐れの声を、近藤以下隊士はむしろ誇りをもってうけとめていた。

（憎《にく》まれ、怖《おそ》れられて喜ぶ人間がいる）

只三郎にとってこれは驚きであった。人間の心がここまで砕けるのか、とその自制力に呆《あき》れたのである。

この夜、只三郎ははっきり〝壬生の狼〟を見た。しかし、

（新撰組の生き方はぜったいにとらぬ）

むしろ逆に、逆にと行く。それが見廻組だ、と只三郎は少しのためらいもなく心を決めた。

「まったくいやになる、あいつらには」

高久が遠ざかるダンダラ羽織の一群を見ながら脇に来ていった。

「なりふりかまわねえのも、あそこまで行くとなあ。おれたちの本当の敵は壬生の

狼かもしれねえ」

まさに新撰組は、なりふりかまわずに何かに向かって突進していた。人が歩くときは走り、人が走るときは二倍の速度で走るのである。時を、時間を何よりもたいせつに扱っているのが新撰組だ、と只三郎は思った。そして、これは軽視できない気がした。だから、見廻組の真の敵は壬生の狼だ、という高久のことばが強く頭に残った。

ひと夜明けて、新撰組の名は京中にひびき渡った。京にとどまらず日本中にとどろき渡った。そして、それが原因で、日本に内戦が起こった。禁門の変である。見廻組も出陣したが、実戦までいかず、布陣にとどまった。新撰組はここでもなりふりかまわず突進し、禁門に迫った長州勢の理論的指導者真木和泉《まきいずみ》軍を天王山頂に追いつめ、真木を自刃させた。

「しつこいなあ」

高久がほとほと呆れた、という語調でいった。

その高久に、

「おれたちはおれたちだ」

只三郎は告げた。

「見廻組は最後までなりふりをかまうよ」

「うむ」

うなずきながらも高久は、しかしそんなことをやっていると、ますます新撰組に差をつけられるなあ、とぼやいた。だいぶ気持ちがかわってきたらしい。

只三郎は、

「おれたちは旗本だよ。辛《つら》さに堪えるのも旗本だ。柄《がら》にもないことはやめようぜ」

見廻組は、死に急ぐことも、生き急ぐこともないのだ、とつけ加えたかったが、のみこんだ。近藤のいった個人の時代ではなく集団の時代だ、ということは只三郎もよくわかってきていた。京都の日々がまさにそのとおりだったからである。

その佐々木只三郎たち見廻組が、積極的に襲撃した例がある。慶応二年（一八六六）一月二十三日夜の伏見寺田屋に、土佐浪人坂本龍馬《りようま》を襲ったときである。

坂本龍馬を襲う

かなり前になるが、京都の壬生《みぶ》寺脇の旧新撰組屯所《とんしよ》跡（前川・八木両邸）から四条の方へ出てタクシーに伏見まで、と頼んだことがある。鳥羽・伏見戦の御香宮《ごこうのみや》も伏見奉行所跡も、全部舗装《ほそう》された国道脇にあって興趣をふるいおこすのにひと苦労した。寺田屋の立地も同様で、お内儀《かみ》お登勢《とせ》さん、養女のお良《りょう》（龍）と龍馬のほのかな心の交流を、葭《あし》の生えた川岸の抒情的な風景の中に描いた織田作之助さんの「螢」は、もう偲《しの》ぶべくもない。

ここもやはり鉄とコンクリートのビルと、住宅の密集する過密地帯となっている。最近よく見る寺田屋の提灯を配した写真は、ぼくも撮ってみたが、相当に無理な角度からカメラを向けないと撮れない。いまはもっとひどいだろう。

寺田屋のそのときのおかみさんは親切な人で、来客中なのにぼくを案内し、いろいろ説明してくれた。

「坂本さんは、この窓からとび出て、あのお家の屋根にとび移って」

と、まるで坂本さんがきのうの夜にでも逃げて行ったように微に入り、細《さい》をうがっている。

坂本がいた部屋にはお客さんがいたが、おかみさんはかまわず説明をつづけてくれた。帰りに見学料をきくと、「そこにパンフレットがおいてありますから、そのお代だけでも箱の中にほうりこんでおくれやす」と、現代のお登勢もえらく気風《きっぷ》がよかった。

遭難時の部屋の間取りや脱出路などが再現してあるパンフレットで、資料としても役立つ。龍馬は寺田屋で死んだように誤解されている向きもあるようだが、そうではなく、龍馬は二回襲われているのだ。命を落としたのは市内河原町蛸薬師《たこやくし》の近江屋で、見廻組が襲撃したのはその前年である。

この年の一月二十二日、坂本の仲介で薩長が軍事密約を結んでいた。襲撃は翌日のことである。襲撃の理由をこの薩長同盟の橋渡しをしたからだ、ともいわれるが果たしてどうであろう。当時の情報の伝達速度から考えて、わずか一日差で坂本を襲うなどというのはいかにも手際《てぎわ》がよすぎる。そういっては悪いが、幕府側の諜報《ちょうほう》活動がそこまで行きとどいていたとは思えない。見廻組も含めてである。襲撃日は偶然の一致であろう。

第一、結んだ日にすぐ洩《も》れるような密約があるものではない。まして、この時点、相当衰えたりとはいえ、幕府は再び長州征伐に軍を起こそう、としている。

薩長同盟の趣旨は、この長州再征に薩摩は軍を出さない、長州が誤解を解きに京都朝廷に嘆願する手引きをする、というのがその主旨である。そのとき邪魔をする幕軍があれば決戦におよぶ、というものである。

二年前の禁門の変（蛤《はまぐり》御門の変）のときと同じだ。あのときも京都から追われた長州が誤解をときに御所に迫り、それを薩摩も加わった幕軍が妨げたから戦いになったのだ。

こういう藩規模での謀略を、二十四時間以内に見廻組や伏見奉行所が探知したとは思えない。坂本龍馬襲撃の理由は別にある。

佐々木只三郎は坂本をよく知っていた。只三郎からみれば、幕臣のくせにいったい何を考えているのかわからないヌエのような勝麟太郎《りんたろう》（海舟という号は妹の夫、佐久間象山《しょうざん》からもらった）が軍艦操練所《そうれんじょ》を開いたとき、坂本をそこで育てた。

坂本は当時過激な尊攘派だったから、幕府は操練所をつぶし、海舟をクビにした。何も税金で国家に反逆する輩《やから》を養成することはない、という考えである。坂本はじめ過激な学生には、政都である京都への立入禁止を申し渡した。

これとは別に、幕府は過激浪士をまとめて北海道の未開発地に送りこもう、という計画ももっていた。人間の思想を認めず、厄介な人間はみんなまとめてどこかへ捨てようというゴミ視思想は、ここでも如実《にょじつ》に展開される。

流れ流れて坂本は、長崎に定着し、亀山に拠点をおいて社中《しゃちゅう》をつくった。密貿易会社である。武器まで運んでそのピンはねをしていたのだから、坂本の〝死の商人〟的側面への批判があってもやむをえない。只三郎はもっときびしい、側面を全面とみる。

「太《ふて》え野郎だ」

という感じは、講武所時代からもっている。江戸の桶町千葉道場の逸材であった坂本に、只三郎は、まだ剣士の残映《ざんえい》を描いている。だから剣士にあるまじきふるまい、という憤りがある。只三郎の限界である。これは見廻組に籍をおく講武所仲間の共通した感情だ。

入洛してはいけない奴が入洛した。それを伏見奉行所が探知した。すぐ守護職に通報された。伏見奉行所に出動の命令が下る。

「捕縛《ほばく》の援護をしましょう」

めずらしく只三郎が立ち上がる。事実はおそらくこんなことであろう。官費の海軍大学（軍艦操練所）で航海知識と技術を身につけながら国家のために働かず、逆に国家を倒す勢力に武器供与の密貿易をしている太え野郎が京都に舞いこんできた、捕らえろ、ということだろう。

が、襲撃は思うようにいかない。伏見奉行所の役人は寺田屋を遠巻きにするだけで誰も踏みこまない。おまえ行けよ、いや、お前さんこそお先にどうぞ、とへっぴり腰で謙譲《けんじよう》の美徳を発揮しあっている。なんとなく坂本が強い、という評判が立っているからだ。

只三郎はいままでにも、幾度となくこういう場面をみてきている。尊攘浪士を追いこんでも、いざ捕らえる段になると、腰くだけになって囲むだけだ。役人が小悧《こり》口《こう》になっていて、ぜったいに危険はおかさない。だからほしはみんな逃げてしまう。それでも役人どもは互いに臆面《おくめん》もなく、

「ごくろうさん」

「お疲れさま」

といたわりあい、家に帰って、ああ、疲れた。父ちゃん、ごくろうさま、一本つけますからね、という生活はいったい何なのか、と只三郎は歯がゆい。やることをやらねえでお疲れさまづらがあるか、と京へ入って以来ずっと腹を立てている。

動乱のときに、日々書かれる歴史を傍観できる神経は、まことにみごと、というほかはない、と心の片隅では呆《あき》れてもいる。

「退《ど》きやがれ！　このうすらばかども」

高久が腹を立てて捕手の群れを突きとばした。サッと開かれた庭の道を、見廻組は寺田屋におどりこむ。坂本が三吉慎蔵《みよししんぞう》という男といっしょに二階にいることはわかっている。

ダダッと階段をかけのぼった。途端に、坂本の短銃が轟音《ごうおん》をあげて火を噴いた。

坂本はすでに、この宿の養女であるお龍《りよう》の知らせで襲撃を知っていた。お龍は風呂に入っていて、風呂場の窓から役人どもを見ていたのだ。

しかし、見廻組は斬りこんだ。剣技になるとやはり強い。短槍《たんそう》の使い手である三吉を傷つけ、ピストルの弾丸を使い果たした坂本の手の拇指《おやゆび》を、皮一枚で辛《かろ》うじてつながるほどに斬り落とした。そこで、坂本と三吉は、寺田屋のおかみさんのいう、

「この窓を飛びこえて、あの屋根に移って」

さらに、就寝中の他人の家の中を、こんばんはともいわずに通りぬけて脱出する。しかし出血のひどい二人は材木置場のあたりで息が切れ、いよいよ最期か、と坂本

に自決を決意させたほど見廻組は追撃した。しかし、二人は幸運にも薩摩軍に救われてしまう。

伏見の薩摩屋敷にかくまわれた二人を引き渡せ、と只三郎は門扉をたたいて交渉するが、屋敷には西郷吉之助（隆盛）がいた。

「二人は薩摩藩士である。おはんら、薩摩と合戦する気か」

と大眼玉をむかれて、見廻組は唇《くちびる》をかむ。

只三郎の胸に、

「もう個人じゃない。集団として行動しなければ真の敵である藩には立ち向かえない」

と告げた近藤勇のことばが、痛烈によみがえってきた。いまの世の論理としては認める。しかしほんとうではない。仮の説だ。そうは思うものの、かつて味わったことのない不安が大きく頭を擡《もた》げた。時勢がどう変わっていくのか見当がつかず、違う、違うと事象を否定しているうちに、事象の堆積《たいせき》がいつのまにか、とてつもない世の中をつくりあげてしまうのではないか、という予測である。

そして、そういう積みあげ作業をつづけるのは、只三郎がこれが人間だろうか、と疑うような化物の群れであった。

（負けられぬ……）

東の方が白みはじめた空の下を、敗北感と屈辱感で頭を混乱させながら、只三郎は隊士とともに伏見街道を重い足どりで北へ向かって歩いて行った。

滅びの賦《うた》

時勢はめまぐるしい。平時の十年分ぐらいの出来事が一ヵ月単位で起こってくる。もう市中巡察も何もなかった。政局は藩単位の謀略戦で動いていた。その虚々実々の実態は、個人で動く剣客たちの行動理念をとうにこえていた。只三郎が、違う、違う、ほんものじゃない、というその偽《にせ》の世の動きが、いまは、逆に正統な座を占めていた。それも、あっという間にである。

（これが、時勢にとり残される、ということなのか）

そうは思いたくはないが、そう思うことがしばしばだ。孤篷庵の天井に映えていた月光の舟など消しとんでいる。

なりふりかまわずに猪突《ちよとつ》していた新撰組は、いまは隊士がすべて旗本の扱い、近藤など何千石待遇の若年寄格だ。土方歳三もそれに次ぐ。

「それにひきかえ、おれたちは七人扶持だ、十人扶持だってえのはどういうわけだ」

隊士がぼやく。なりふりかまいすぎた罰か。矜持《きょうじ》を保つための代償は、これほど新撰組と差をつけたのか。陣笠をかぶり、鞍《くら》をおいた馬を馬丁にひかせ、従士を何人も従えて二条城に出仕して行く近藤の姿を見ると、思わず軒下に身を避けて、近藤と目を合わせたくない心理がこのごろしきりに働く。

（何を卑屈《ひくつ》な）

と自《みずか》らを叱るが、心のほうがひるんでしかたがない。その心にさらに鞭《むち》をあてる。心は血を流して傷つき、その傷が痛い。

（おれは誤ったか）

只三郎は深夜ひとり、闇《やみ》の天井を見つめながら床の中で悔《くや》む。しかし、ダンダラ羽織を着て、「誠」の旗を押し立てながら京の町をのし歩く自身の姿に思いいたると顔があからむ。

「高久でなくてもテレる」

おれはやはり孤篷庵のあの茶室に座ることこそふさわしい。匿名《とくめい》の人間としてそれぞれが集団の中に埋没することを、おれは見廻組隊士に強《し》いることはできない。いや、新撰組だってそうではないのか。

（近藤よ）

闇の中で只三郎はよびかける。おぬしにしても、あのボロボロの綿入れを着て、シラミをつぶしながら生活のために、おれに嘆願書を頼んだころがいちばん人間らしい季節ではなかったのか。失ったものは惜しいとは思わないのか。本気で、非情こそ唯一の生きる術《すべ》などということを信じているのか。

只三郎が闇を凝視している間にも時勢は変わる。只三郎たちが寺田屋に坂本龍馬を襲ったのち、六月に長州は再び幕軍と交戦、しかし随所で勝利した。幕府は衰亡の実態を内外に示した。

日本での利権をねらう列強の動きが微妙になってきた。大別してイギリスが討幕派を、フランスが幕府を応援しはじめた。主権者（列強にとっては貿易の相手）としての天皇の存在が顕《あき》らかになってきた。

「何百年も前に武家に政権を委任しておきながら、いまさら何をいっていやがる。

けい面倒だ」

寄生虫《きせいちゅう》みてえな公卿《くぎょう》野郎どもが、この際とばかりしゃしゃり出やがるから事はよ

高久のつぶやきをよそに、その天皇がずんずん担ぎ出され、禁門の変のときには

御所の庭に落ちる弾丸で気を失いかけた、という幼帝に徳川幕府は大政を奉還した。

見廻組にとって何のことやらわからない。

「このこんがらがった政治を、朝廷でやれるものならやってみな、お手並み拝見て

えことじゃねえのかな」

「収拾がつかなくなって、どうぞもう一度お願いしますっていわれたら、慶喜《よしのぶ》さん

が渋々お出ましになるっていう寸法だろうぜ」

秩序の乱れはことばに出る。将軍もその親衛隊員においてすら、かげでは慶喜さ

んだった。が、薩長を主軸とする新政府はお手あげにならなかった。徳川幕府に迫

いうちをかけた。慶喜に領地を全部返上しろ、と迫った。返上すれば旗本もすべて

生活の源を断たれる。騒ぎになった。

「薩長の野郎」

その薩長に討幕の密勅が下った。洛外《らくがい》岩倉村の岩倉具視《ともみ》の寓居でその腹心玉松

操《みさお》が書いた、といわれるものの現物がこの岩倉寓居の資料室にある。ぼくが見て妙だなと思ったのは、数人の署名が何となく同じ人間の筆に見えたことだ。天皇が知らない間に書いた偽勅《ぎちょく》だ、という説は今日もう定着化している。

岩倉という土地は山の姿が柔らかく、松の木の美しいところで人の心をなごませる。そのせいかいまは病院が多い。百年前、この里に集まっていた岩倉、玉松、大久保一蔵などの大策士の姿を思うとやはり妖気《ようき》が漂う。

錦の御旗《みはた》もここで案出された。密勅には、慶喜と松平容保《かたもり》を賊として討て、とある。慶喜はともかく容保は、孝明帝に唯一無二の忠臣として愛されたのだからこれはおかしい。尊王心にかけては容保ほど厚い人間はいなかったのである。

「薩長の野郎」

憎悪《ぞうお》はさらに高まる。その薩長が浪士を煽動《せんどう》して江戸城に火をつけ、市中を荒らした。怒った庄内藩と、ここを預かっている新徴組（京都から清河八郎と東帰した浪士隊の変身したもの）が薩摩邸を焼き打ちした。浪士は裏の江戸湾から海路脱出する。この中に相楽総三《さがらそうぞう》がいる。赤報隊の悲劇はぼくにとって大きな課題だが、相楽のこのときのゲリラ活動は多分にひっかかる。

大坂に飛報が入る。城内は噴火した。

「薩摩を討て」

という討薩の表をかかげて幕軍一万五千が全軍京都に向かう。鳥羽街道、伏見街道を進む。尖兵《せんぺい》は鳥羽口を見廻組、伏見口を新撰組。京都市中の治安維持に当たっていたこの二隊、なりふりかまわぬ新撰組も、なりふりかまいつづけた見廻組も、事実上、この日に潰滅《かいめつ》する。剣技はついにイギリス渡りの新式銃の前には刃が立たないのである。

鳥羽口で戦端の開かれたこの日本内戦で、佐々木只三郎は、

「卑怯《ひきょう》、無念」

という死の叫びをいくつも耳にした。銃に対する刀の抗議の声であった。そして、その声の集まりは、ついに只三郎の信じたほんものを滅ぼした偽の世がおくる挽歌《ばんか》であった。

小林孫兵衛、土屋半三郎、高久半之助、大飛亀三郎、間宮孫四郎、久保田若三郎、大沢源八郎、坂本盛三郎、そして佐々木只三郎らが見廻組の与頭《くみがしら》として記録されているそうだ。この戦いでほとんどが戦死、戦傷死、あるいは行方《ゆくえ》不明になり、今

にである。新撰組の土方歳三とともに井信郎《のぶお》のみが関東戦、会津戦、箱館戦と戦いぬいている。

佐々木只三郎は、まさに鬼のごとく隊士を叱咤《しった》して薩軍の火線に何度も迫った、という。しかし、その都度《つど》射ち返された。只三郎も傷つき、紀州藩内に去って加療したが癒《い》えず、その地で死んだという。

江戸の町道場　新撰組のもうひとつの故郷

武芸隆盛

〝天保の妖怪〟とよばれた鳥居甲斐守耀蔵《ようぞう》が、明治二年（一八六九）に長い禁固刑から解かれて釈放された時、一変した日本の社会をみて、こんなことをつぶやいた。

「あのまま、おれに改革を続けさせておけば、徳川幕府は決して潰れなかったものを……」

天保改革は、迫りくる列強の脅威に対抗するために、国防を底に据えた幕威復権が目的で、老中水野越前守忠邦《ただくに》によって計画され、江戸南町奉行としての鳥居はその側近として辣腕をふるった。

しかし、そのやりかたが、あまりにも罪人をつくることに狂奔し、高島秋帆の罪状捏造《ねつぞう》事件などもあって、水野失脚後、鳥居も罰された。四国丸亀藩の京極家に〝永預け〟になったのである。

普通、永預けの科人《とがにん》を受けとった藩では、早くその科人を始末するために、飯を減らしたり、時には毒を盛ったり、あるいは頭がおかしくなるように神経戦でいじめぬくのだが、鳥居はまさに異常体質・異常神経の持主で、この嫌がらせの年月を耐えぬいた。かれが罰されたのは弘化二年（一八四五）のことだから、釈放まで実に二十四年もの長い年月、これに耐えたのである。そして耐えぬいて、シャバに出たとたん、

「おれは決してまちがっていなかったぞ」

と、傲然とうそぶいたのだ。

幕末は、日本史でも例のないほど武術が、それもかつてないような多様性を持って振興した時代だが、その起爆は水野や鳥居の天保改革の時におこなわれた。いや、天保の時だけでなく、江戸時代の武芸の振興は、かならず幕政改革と軌《き》を一《いつ》にして

いる。剣術でいえば、新しい流派が起こるのも、かならず享保とか寛政とか、そして天保とかの改革の時である。

特に天保の時は、遊芸や銭《ぜに》勘定には巧みでも、刀のかまえ方も知らなければ、馬にも乗れないという情けない侍《さむらい》共を叩きなおすために、水野は〝文〟の面で幕校昌平黌《しょうへいこう》を視察してはたびたび活をいれた。鳥居はその昌平黌の学長林述斎《はやしじゅっさい》の三男である。

併行して〝武〟の面で水戸藩主徳川斉昭《なりあき》や、幕臣で剣客の男谷《おだに》精一郎らの建策によって「講武所」を新設した。武術の教授にはひろく市中の剣客も登用した（桃井《もものい》春蔵など）。いわば、官立の武術大学をつくったのだ。

水野越前守は、開明的な一面もあったから、外国に関する情報もよく集め、日本をアヘン戦争に敗けた清国のようにしてはならないと心を決め、国防策には異常に力を注いだ。軍制や使用武器をどんどん洋式化した。

それなのに、なぜ、刀だの槍だの、あるいは格闘術だのと、個人に帰一《きいつ》するような武術を奨励したのだろうか。ひとことでいえば、なまくらになった侍たちの叩き直しが主眼であった。文武両道をきちんとわきまえる、つまり武士としてのミニマムをしっかり身につけておかなければ、たとえ洋式武器を使ったとしても、侵攻する外国勢とはとうてい戦えないと思ったからである。

同時に、水野が改革の目的として据えている幕威の復活も、幕府を支える侍軍団がヘナチョコでは、どうにもならないと判断したからだろう。

享保や寛政の改革で武術が振興されたのは、幕府の財政再建の方法として節倹《せっけん》以外ないから、その節倹を支える精神的支柱は〝質実剛健〟が主になる。武芸はこの質実剛健の具象化であった。が、そうであるかぎり、その武術に専念し、技術をみがいてみても、その成果を問うのは、せいぜい将軍を楽しませる〝御前試合〟くらいしかなかった。いきおい、武芸も様式化し、細部のどうでもいいようなことに価値をおくようになる。結果、幕末まで剣術でいえば〝型〟ばかり重視され、本気で打ちあうこともなく、まして他流と試合することなどとんでもないと厳禁されてしまった。いわば箱詰めの状況にあったのである。それが、天保改革後、一変した。

むしろ、諸流の道場は積極的な試合によってその名が高まったり、低まったりし、それだけに道場主、あるいはその門人が次第にスター化してくる。

官立講武所に対峙して民営の練兵館（館長斎藤弥九郎）・玄武館（館長千葉周作）・

士学館（館長桃井春蔵）らが江戸の三大道場として盛名をはせるのも、こういう状況が生まれていたからだ。

よく、

「明治維新の遠因は天保改革にある」

といわれ、特に経済面とのつながりが説かれるが、維新実現への道程には、幕末の剣術道場の存在もかなりの意味をもってかかわっている。しかも、単一でない、ひじょうに多元的なかかわりかたをしている。

それは、水野や鳥居が当初目的とした、

「国防軍としての侍の叩き直し」

のための武術奨励が、実は侍だけでなく、むしろ農民や商人層のほうがこのことに熱心になってしまったことである。

幕府は文化年間に、

「百姓・町人の武術修業を禁ずる」

という禁令を出しているが、こんな禁令は空文に等しく、百姓町人はいうことなどきくものではない。

百姓町人の異常な武術修業は、併行して学問修業を誘発し、やがて〝士農工商〟の身分制を実体的に破壊してしまう。

さらに、文武の力《りき》をつけたこういう層は、侍層をとびこえて、政治の場にどんどん進出する。

その意味では、天保改革が副次的にとった武術奨励策が、水野の意思とは逆に、幕府を倒壊させる変革の種子を日本中にばらまいてしまったのである。

その観点から幕末の剣術道場をみつめてみると、興味深いデータがいくつも出てくる。

スターを抱えた政治大学

データA　当時の有名な道場主・剣客の出身は、圧倒的に侍以外が多いこと

たとえば、江戸三大道場のうちの練兵館長斎藤弥九郎は越中氷見《ひみ》の農民の子である。少年のころは、油屋や薬屋の丁稚《でっち》小僧までやっている。斎藤の師岡田十松、その師の戸賀崎熊太郎もそれぞれ武州埼玉の農民の子だし、同門の秋山要助も埼玉の農民の子、その弟子の大川平兵衛も埼玉の農民の出で、斎藤が故郷から呼びよせた

仏生寺弥助も農民である。

またもう一人の玄武館主千葉周作も陸前国荒谷（現宮城県栗原郡花山村）の医者の子である。『大菩薩峠』という中里介山の小説に出てくる甲源一刀流の比留間一族も代々農業をいとなんでいたし、松浦静山という異色の大名門人を擁した心形刀《しんぎようとう》流《りゆう》の伊庭《いば》家は、先祖が江戸の侠客だという。講武所出身の、のちに彰義隊長になった天野八郎は上野国の商人の子である。同じ上州の本間仙五郎（本間念流）は農商兼業だった。新撰組の近藤勇、土方歳三も農民の子である。

中国筋岩国で異彩を放った宇野金太郎は、能楽の鼓師である。

データB　江戸三大道場にみられるいくつかの共通特性
一　官立の講武所にくらべ、圧倒的にスターを擁していること。
練兵館（斎藤道場）　桂小五郎・高杉晋作・品川弥二郎・山尾庸三（以上長州）、谷干城（土佐）、篠原国幹（薩摩）、渡辺昇（大村）ら。
玄武館（千葉道場）　山岡鉄太郎・海保帆平・清河八郎・山南敬助・藤堂平助・伊東精一・伊東甲子太郎・有村治左衛門・渡辺清左衛門。傍系の桶町千葉定吉道場には坂本龍馬がいる。

士学館（桃井道場）　上田馬之助ら四天王のほかに武市《たけち》半平太・岡田以蔵ら。

千葉道場では、長子奇蘇太郎、次男栄二郎、三男道三郎がそれぞれすぐれた剣術家であったし、斎藤道場でも長男新太郎と三男の歓之助が評判の剣士だった。特に歓之助は〝突きの鬼歓〟といわれた。

一方、私立武術大学のほうにくらべると、数はそれほど多くはなかったが、官立講武所のほうにも、まったくスターがいなかったわけではない。特に、講武所の所長（頭取）である男谷《おだに》精一郎のところには、島田虎之助、その弟子の勝海舟（勝と男谷は親戚）、榊原鍵吉《さかきばらけんきち》・天野八郎・松平上総介などがいた。
二　剣術道場のスターは、すぐれた剣士であると同時に、すぐれた弁論家であり、あきらかに政治家の卵であったこと。
三　したがって、当時の有名剣術道場は、武術大学というより政治大学であり、また黙認された日本全国の政治青年の討論や情報交換の拠点であったこと。
「二」と「三」の特性は、それぞれの道場の擁しているスターの顔ぶれと、その後のかれらの活躍ぶりをみればあきらかだ。

講武所頭取の男谷にしても、その祖は越後のいまでいえば、盲目のマッサージ師であり、利殖によって得た金で直参《じきさん》の株を買った家柄だ。勝海舟の家もそうである。男谷は幕臣にしては珍しい開明的考えを持つ人間であった。若い勝に、

「これからは剣よりも洋学をまなべ」

とすすめた男だ。しかし、その開明思想を幕府という保守的・形式的な箱の中で生かすのは無理だった。勝は不完全燃焼と矛盾の念を抱えて、政治にかかわった間中、苦しまなければならなかった。

これにひきかえ、たとえば斎藤弥九郎などは、江川太郎左衛門に心酔し、江川もまた斎藤をひいきにして、道場の新・改築などを含め、常に斎藤の強力なスポンサーだった。江川の江戸湾測量には、斎藤もよくついて行ったが、斎藤の従者として舟を漕ぐのは、かならず桂小五郎であった。桂は漕ぎそこなって海中に転落したこともある。

しかし、この状況はもう師のいうことだから従うという、昔ながらの徒弟的師弟関係ではない。桂もまた貪婪《どんらん》に江川から洋式知識を吸収しようと、眼を血走らせながら舟を漕いでいたのである。それでつい櫓のほうがおろそかになり、海に落っこちたのだ。これはあきらかに単なる武術修業の枠をこえている。

藩ということばは境とか〝まがき〟とかいう意味をもっている。江戸時代は、藩がひとつの国であった。このころの、たとえば政治大学としての剣術道場で青年たちが、互いの国を呼びあうのに、

「お国では」

とか、

「私の国では」

とかいうような用語が交わされている。いや、そのころだけでなく現在も、

「あなたのお国はどちら？」

などと、その名残りが残っている。

その国である藩から勝手に出ることを、藩政府はもちろん幕府も簡単に許しはしなかった。江戸への参覲《さんきん》交代が集団として公式に藩外に出る唯一の旅であった。そして、わずかに藩士の学問修得と武術修業が、藩外へ出ることを認められる例外事であった。それも一年とか二年とかの期間を限っての例外であった。

日本列島全体がこまかく割られた檻のような状況の中で、剣術道場と学問の道場だけが自由にものを語れる場所だったのである。しかし、学問の場は当然師と仰ぐ

人間の思想に支配されるから、それに反する門人は去らなければならない。

そこへ行くと剣術の道場はちがう。剣術の流儀はたしかに共通するが、思想はどんなものを持ちこんでもいい。だから口から泡をとばす議論ができるのだ。

そして、各国人がもたらす情報は、それぞれの目のウロコをぽろぽろと落とした。本来、議論の場であるはずの学問塾よりも、剣術道場のほうが数千人などという門人を集め得たのは、この情報交換と政治討論の魅力によるところが多い。優秀な青年を派遣する藩当局にしても、その方にウェイトをおいて、貴重な藩費の回収、すなわち元をとるメリットとしたにちがいない。

だから、たとえば練兵館における塾頭の桂小五郎や、また士学館塾頭の武市半平太は、優秀な剣士ではあったが、それだけではない。門人群の輿望《よぼう》をになって塾頭に推されたのは、その見識、弁舌、渉外能力、そしてある種のカリスマ性等、文字どおり政治家としての才能が群を抜いていたからである。

時代を正確に展望する青年群は、剣術が実際に役立つ世だとは、もう誰も信じてはいなかったのである。世はすでに言論の時代に突入していた。

武に強くなければ、ものも言えない

が、逆の説も成り立つ。それは、言論の世だということは、総じて〝発言者〟の影響が強いということだ。言論の影響が強いと、

「言論の根を断て」

ということになる。言論の根を断てとは、その発言者を抹殺しろということになる。すなわち〝暗殺の論理〟が生まれる。

維新前夜、特に文久年間に吹きまくった暗殺の嵐は、この発言者を断てという思想に支えられている。暗殺には、

「こういう悪いことをしたから殺すのだ」

という論理と併行して、

「こういうことを言い散らして世人をまどわすから殺すのだ」

という論理が横行する。佐久間象山《しょうざん》・横井小楠《しょうなん》・坂本龍馬らの思想家の暗殺はあきらかにそうである。

そうなると、ものをいうのにも武力の自信がなければならない。いつ殺されるか

わからない。自衛上、剣技にはげむ。人並以上の武技をマスターしていなければ、言いたいことも言えない時代なのである。

また、一方、武力に自信があるということは、言うことに自信が生まれ、聞く者に迫力を与える。だから、この時代の力強いオピニオン・リーダーやアジテーターは、すべてすぐれた剣士である。桂・高杉らの武士はもちろん、坂本や武市や清河八郎などの郷士にいたるまで、いや、幕府側の勝海舟でさえ卓越した剣士だった。

ということは、

「文を守るためには、まず剣に強くなることだ」

という倒錯した論理がこの時代の流行だったといっていい。

そして同時に、武術修業という、いわゆる単純反復の修練が、それぞれの剣士に剣技だけではない精神的な何かをもたらしたことも見逃がすことができないだろう。武術修業は文字どおり心身共に鍛えたのだ。

武術をおさめることが、当時の武士やあるいは武士以外の層をも含めた志士たちの要件であり、資格であるとするならば、すぐれた志士は同時にすぐれた武術家であり、俗なことばを使えば、これらの層はすべて、

「やることは、ちゃんとやっていた」

ということになる。

ものを言えば、いつ殺されるかわからない状況の中で、あえて自分の考えを世に問おうとする者は、だから自分の口から発する一語々々が危険を担っていた。尊攘派も佐幕派も、それこそ〝命がけ〟でものを言っていたといっていい。

武技に長ずることは、かならずしも他を倒すことだけに通じない。逆におのれがいさぎよく死ぬ覚悟を培養することにも通ずる。武士道と名づけられた日本独得の倫理を、ことばの上だけでなく、いつでも実践できる心がまえを、武術修業は同時に教えたのである。ということは、そのころの言論はいまのように訂正がきかないからだ。現代のように、いつでもすぐ訂正・修正するような及び腰でものを言う人間はひとりもいない。自分の言うことに責任を持っていた。

だから暗殺に遭遇して、ついに防ぎきれない時も堂々と死ねる覚悟を培ったのだ。刺客に斬りこまれた横井小楠が、ちょうど刀を持っていなかったので、同席した友人が斬られるのをそのままに、

「ちょっと刀をとってくる」

と言ってその場を脱したことに、士道にそむく行為として罰まで加えられたのは、死ぬこととみつけた武士道を、開明派であった横井が全然〝気にしない〟精神領域にまで達していたのに対して、世間や藩政府は、まだまだ大いに〝気にして〟いたためだ。

「士」は経世家で武士ではない

幕末の江戸の大剣術道場が生んだものに、もっと大きな特色がふたつある。それは、剣技修得と併行しておこなわれた政治討論が、各国（藩）の青年群に経世家としての自覚を促し、〝藩士〟を〝国士〟に止揚させ、藩よりも日本という国レベルでものを考える、いわばナショナリズムを生んだことである。

そしてこのことが青年たちに意識のうえでの〝藩境〟を破壊させ、日本を単位としての政治討論を活発にさせ、意見が合えばたちまち合意した。いや、合意しただけでなく行動に移った。

同じ練兵館系の水戸の藤田小四郎と長州の桂小五郎が、かなり早い時期に、武力蜂起の密約を交わしていたのなどはその例だ。

青年群の横断的討議は、〝処士横議〟とよばれ、ひところは、

「天皇の叡慮も下より出る」

と守旧派を嘆かせたほどであった。下とはこの横断的論議派であり、日本のタテ化社会をヨコ化する力を持っていた。主として尊皇攘夷派の核になった連中で、その主導者はやはり、桂・高杉・久坂・武市・清河らのすぐれた剣士であった。幕臣の山岡鉄太郎もこの周辺にいたといっていいし、勝海舟も同じころすでに薩摩の西郷吉之助に、幕府倒壊とその後の共和政体を示唆している。

しかも勝はこの時、幕府の腐敗ぶりをすべて西郷に曝露《ばくろ》している。今日でいえば完全な機密漏洩だ。

しかし、こういうナショナリズムと処士横議の風潮は、決して侍層だけから生まれたのではない。むしろ侍層にそういう決意を促す農町人層の政治意識がそうさせたのである。そして、そういう農町人層も、多くは剣術や学問修得に熱を注いだ連中であった。

かれらの場合は特に、学問や武技修得を通じて、

「士農工商の士とは、日本ではそのまま侍のことだとされているが本当にそうなの

か。儒学の原典でいう〝士〟とは、大いに勉強した経世家のことをいうので、それは別に侍のことではないのではないか」

という根本的な疑問をもちはじめたことであった。身分制に対する根源的な懐疑であると同時に、政治に対するおさえようのない参加意欲の爆発である。

それは、士農工商の士イコール侍だと定められてきた儒学の日本的解釈を、中国の原典に戻って、

「士とは大いに勉学した経世家のことである」

という解釈をするならば、これは、

「百姓・町人だって勉強すれば経世家、つまり士になれる」

ということになる。

もちろん、農民の中にはその祖を武士とし、特に日本争乱時の落武者の系譜を引く者もたくさんいる。こういう層にとって、家名の復興は累代の悲願であった。幕末の動乱を、この国が何度か経験した〝戦国〟的時代ととらえ、剣一筋で一国一城をとるというような、アナクロニズム的欲望で、武術にはげんだ者もおおいにいる。それは農町人だけでなく侍の中にもたくさんいる。いつの時代でもこういうずれた

人間がいるのが人間の世界である。

が、徳川幕府成立以来、徳川家康が豊臣家を武力で滅ぼして政権を奪ったことを、「儒学でいう〝放伐《ほうばつ》（中国人の革命観、徳を失った君主を討伐、放逐すること）〟に該当するか」

という論議は終始おこなわれた。江戸時代の儒学者は官にあるものも野にあるものもすべてこれにふれている。

幕末になって京都の天皇がふたたび光を浴びたのは、この〝放伐〟論にきちんとした解釈をしないで、どこか二元主権論のようなあいまいな形で二百数十年を過ごしたからだ。もちろん新井白石のように、

「徳川幕府は放伐によって成立した。したがって儒学にいう王朝に相当し、その意味では京都御所は亡びた旧王朝である」

と言いきる学者もいたが、総体的にはそういうふうに踏みきれなかった。そういう不安定さを徳川政権ははじめから持っていた。

加えて、農町人層は、農町人層だけを対象とする学者をたくさん持っていた。石田梅岩《ばいがん》・室鳩巣《むろきゆうそう》・山県大弐《だいに》・平田篤胤《あつたね》・二宮尊徳・安藤昌益《しようえき》など、その唱える説

は儒学・国学に依拠しても、その重農・重商主義は、身分制に泣くかれらをおおいに力づけるものであった。それはやがて、政治のありかたや仕組みに注目させ、

「われわれも政治に参加できる、いや、させるべきだ」

という主張に変わってくる。

事実、幕藩体制の矛盾が経済を通じて露呈してくると、全藩一様に財政危機におちいり、商人や豪農からの借金が多くなった。返せないと、藩は債権者に〝苗字帯刀〟を許して借金の代わりにした。身分制を自分の手でこわしたのだ。こういう苗字帯刀層はよく勉学し、武技に長じ、侍ではないが、りっぱに経世家（士）的機能をそれぞれの地域で果していた。それが商人の身分をこえて大橋訥庵《とつあん》のように直接国家レベルの改革を策し、幕府要人襲撃（老中安藤信正を坂下門外に襲う）を計画する者も出た。豪農渋沢栄一《しぶさわえいいち》もこういう層に属する。

剣術がそういう農民の経世思想あるいは日本の危機意識の媒体になった顕著な例に、たとえば天然理心流の普及がある。新撰組局長近藤勇がまだ江戸で道場をひらいていたころの剣術指南である。

農民剣法は自由民権のルーツ

近藤勇は、思想の面からとらえれば、尊皇・攘夷・佐幕論者だ。この三つの思想を何の矛盾もなく持っていた人物である。いや、倒幕の志士といわれる人間たちも、はじめは皆そうだった。勤皇の総本山といわれる水戸藩のいわゆる後期水戸学の精神でさえ〝尊皇・敬幕〟の域からはみ出してはいない。日本で倒幕が唱えられるのは、幕末のかなりギリギリの時期である。

しかし近藤は、侍でもないのに侍の倫理にきびしく、新撰組の隊則の冒頭にもまず、

「士道ニ背キマジキ事」

というのを掲げ、違反者はすべて切腹させた。それだけに潔癖で、薩長を中心にした政治謀略・術策はそれこそ〝武士にあるまじきこと〟として、断乎《だんこ》膺懲《ようちょう》の対象としたのだろう。したがってかれは単なる暴力人ではない。ちがう、ちがうと躍起になってくいとめているうちに、歴史のほうがかれを置きざりにして流れてしまったのだ。

その近藤の剣術指南は、江戸市中に拠点をかまえながらも実際は多摩地域への出稽古でおこなわれていた。かれの教えた天然理心流というのは、剣術に弱いぼくが口幅ったいことはいえないが、形式よりもかなり実用的な剣法だったという。早くいえば、

「夷人がもしこの村を襲ってきたら、こうやって殺せ」

というような、農民の自衛にも主眼がおかれたというから、さながら丸太ん棒で叩き殺すような剣法だったのかも知れない。近藤を含む新撰組の三大スターのほかの二人、土方歳三も沖田総司も、この天然理心流の達人である。永倉新八・山南敬助・藤堂平助・井上源三郎・原田左之助たちも近藤の門下で、当初の流派はちがう者もいるが、新撰組の名を一躍たかめた池田屋事件時、尊皇志士側が二十数人の死傷者を出したのにもかかわらず、新撰組側が数人の死傷者しか出さなかったのは、やはり実用剣法の強みだったからだろうか。

近藤たちの指南を迎えるのに、多摩の豪農は幾人も自邸内に道場を作った。その一軒である町田市の小島家は現在新撰組の資料館を擁している。

そして、この出稽古による剣術指南が、村の若者たちにやはりある種のナショナ

リズムを植えつけ、政治参加意欲をかきたてた。この情熱の炎は明治新政下にあっても消えず、その後、多摩地域が日本の自由民権運動の有数の発祥地になったことはよく知られている。牽強付会《けんきょうふかい》かも知れないが、その遠因は、この地帯の農町人層の武術修練と情報摂取にあるので、その意味では近藤たちは剣術だけでなく〝政治の行商〟も同時におこなっていたのかも知れないのである。これは、江戸の三大道場が道場に門人を集めておこなう指導だとすれば、出張集中講義のようなものだったかも知れない。近藤には後藤象二郎でさえ、

「大変な政治識見を持っている」

と舌をまいたというから、単細胞の撃剣家では決してない。第一、二百人も三百人もの隊士を統轄するのは、小さな藩の藩主の力倆《りきりょう》に相当する。近藤が多摩の青年たちに対しても、相当の政治意識を植えつけていたとみるのも、あながち荒唐無稽だとは思えないのである。

地方志士の中央包囲網

「江戸は諸国の掃溜《はきだ》めだ」

という荻生徂徠《おぎゅうそらい》流の表現が、現代の東京やほかの大都市にもそのままあてはまるとすれば、

「都市は人間を自由にする」

という、あるヨーロッパ人の言いかたもあたっている。そしてこのことは幕末の江戸においても同じであった。

掃溜めの持つ自由の中に浸って、当時の剣術道場にまなんだ人間たちにもたらした特性に、もうひとつ、

「変名の横行と、姓のない層の有姓化」

という現象がある。

これは、その威勢が衰えたりとはいえ、一応は幕府という江戸政府の膝下で政治討論し、時には非合法活動をするわけだから、実名を名乗れない場合もあった。しかし、それだけでなく、政治青年らしい衒気《げんき》と文学性で、いろいろな変名を使った傾向もなしとはしない。

高杉晋作の東行（西行と反対の方向に行くという意味）・谷梅之進、坂本龍馬の才谷梅太郎、桂小五郎の広江孝助、西郷隆盛の大島三右衛門、久坂玄瑞の松野三平、中

岡慎太郎の石川誠之助、伊藤博文の花山春輔、井上馨の春山花輔、山県有朋の萩原鹿之助、斎藤元司の清河八郎、品川弥二郎の橋本八郎等々、そのゆえんのすぐわかるものもあれば、わからないものもある。伊藤・井上コンビのように一部を取替えたふざけたものもある。

斎藤元司など本名より変名のほうが有名だ。同時に暗殺者におそわれた坂本など、死の直前、同志の中岡に、

「石川、刀はないか……」

と言ったというから、互いを呼びあう日常生活にまで変名が浸透していたといえる。

が、ここにあげた例はいずれも武士か郷士のものである。つまり、もともと姓を持っている層だ。政治家の〝芸名〟のような性格の変名である。多少の茶目っ気もあろう。ほかの国の例を多く知らないが、政治家が変名・芸名で終始おし通すのは何といっても中国が多い。周恩来・華国鋒など、すべて本名ではない。変名である。

さて、もうひとつの層、つまり、農工商の身分に属して、巨額の献金をしたとか、貸金の取立てをあきらめたとかの行為によって、幕府や藩政府から苗字帯刀を許さ

れる特例があることは前に書いた。昔の多額納税者が貴族院に入ることを許されたのと同じである。

しかし、特例はあくまでも特例であって、普通ではない。数は少ない。にもかかわらず幕末の剣術道場では、こういう層もほとんど姓を名のっている。モグリの姓を発明している。時代のどさくさに乗じた行為だろう。

たとえば練兵館に仏生寺弥助という剣士がいた。館長の斎藤弥九郎が自分の故郷から風呂番としてよびよせた農民である。ところが、この弥助は剣の天才でたちまち頭角をあらわし、道場破りをよく叩きのめした。斎藤が公認したのか黙認したのか、弥助は斎藤と共通の故郷仏生寺村という地名をとってそのまま姓にした。

「仏生寺弥助虎正というものでござる」

と堂々と名のるようになる。

ただ、この男、学問がきらいで、しかも腕前を鼻にかける癖があったので次第に身をもちくずし、ついにやくざの用人棒にまで落ちぶれてしまった。

しかし、剣術道場はこういう自製の姓を名のることを可能にした。幕府権力も、いちいち戸籍調べのような容喙《ようかい》はもうできなくなっていたのだろう。威信も地に墜ちていたし、また天下の剣術道場を敵にまわせるほどの力もなかった。江戸の三大道場だけでその門人は一万人を超し、ほかにも数百軒の武術道場が江戸にはある。

公認されざる農工商身分の者が、

「ナントカでござる」

と、あきらかに姓名を名のるのは、あきらかに侍の詐称である。しかしその詐称を検《あらた》める能力を幕府は失っていた。

剣術修業は、こういう層の実質的身分制の崩壊をおしすすめた。

「ナントカでござる」

と他に名のることは、侍になりたい、という子どものときからの欲求を充足させたが、すべての者がその次元で自己陶酔に浸っていたわけではない。

もっと積極的な意識を持っている者もいた。

それは、やはり、

「士農工商の士は経世家のことである。侍のことではない」

と、特に地方在住の学者たちが唱えてきた、ゴマメの歯ぎしりのような声が、地方農町民の間に、長年月をかけて浸透していたからである。

そして、地方の剣術道場にもしばしば他国の剣士が訪れてくる。一様に政治大学化した江戸の剣術道場の話をする。これが地方青年の青雲の志に火をつける。掃溜めの混濁性は、個人を匿名《とくめい》の群集の中に埋没させる。変名も可能だ。いや、もう身分の詐称も可能なのだ。金のある者、ない者もおしなべて、この〝どさくさの論理〟が横行する江戸にとびだしてくる。

それはすべて、

「士になりたい、士として政治にかかわりたい」

という参加意欲の発露であった。

だから、くどいようだが、かれらの頭の中にある士はあくまでも経世家としての士であって、侍ではない。ただ、当時の状況は侍という身分を廃するまでの変革性はなく、士イコール侍という図式は依然として存在しているので、その侍をめざしたということである。

この層は、ありていにいえば〝体験〟の中から構築した理論を持っていた。肌で感じたことを考えとしてまとめていたのである。

空理空論でなく、新政開始後の特に民生の面で、政権構想と政策内容をもつ志士たちは、この層から大いに眼のウロコを落とされる意見に遭遇したにちがいない。明治新政府は、その後〝ヨーロッパに追いつけ、追いこせ〟を国是《こくぜ》として、急行列車のように、各駅に屯《たむろ》している庶民を黙殺して走り去ってしまうが、新政開始当時はかなり民生に気を使っていた気配はある。そうさせた圧力と、対応策作成に使われた知識は、この経世家（士）志望の剣士たちによって相当に培われたとみていいだろう。

明治維新の性格が窮極的には庶民を裏切るものであれ、この変革も一夜にして出現したわけではない。真の士をめざす低身分層の経験から生まれた理論が、士たろうとする侍たちの胸を真摯に衝《う》ったであろうことは、想像にかたくない。

そして――。

幕末の江戸の剣術道場に蝟集《いしゅう》した剣士たちは、なぜこういうパワーを持ち得たのか。ひとことでいえば、

「地方の中央に対するコンプレックス」

がそのひとつであり、これは、侍も非侍層も共通して持つものであった。ところが実際に花のお江戸にきてみて、そこに住む首都人の実態をみると、特に侍は侍の

本分を忘れて、剣も学問もほとんど身につけていない。いるのはごく少数である。

いわゆる尊皇田舎侍たちは、

「首都人、おそるるに足らず」

と、都会人の虚弱性を見破り、はじめおずおずとしていたのが、次第に、ことばはわるいがのさばるようになり、しまいには田舎者と侮《あなど》られた地方人が江戸を乗取ってしまったのである。その拠点になった斎藤・千葉・桃井の三道場主も、いずれも地方出身者で江戸人ではない。

非侍層のパワーは、これに身分制の問題がからむ。

士が武士ではないということがわかれば、こんな存在はおそろしくも何ともない。意識的に儒学の教えをゆがめて存在してきたのが侍なのだ。そうなってくると、歴史的怨念が憎悪に転化する。

人間がもつ力を、もっとも有効に発揮させるのは、実は愛よりも憎しみ、公憤よりも私怨である。

幕末の剣術道場に蝟集《いしゅう》した全国の青年群は、意識する、しないは別として、多くは、このコンプレックスと怨念の燃焼を求めて集結したのだ。そしてまた、江戸にあって際立った繁昌ぶりを示したいわゆる三大道場主は、こういうパワーの燃焼を道場の経営方針としたのである。活用・利用したのであった。

そしてそれは、たとえどんなものにせよ、新しい時代と社会を生むカオスの場であった。ドロドロした粘体が固体化する時期の到来を待って、煮えたぎっていた。その意味では、繁昌した剣術道場の道場主は、時代を先取りする卓越した経営者であって、単なる武術家では決してなかったのである。

花街政治事情　名妓たちの幕末維新

交際費を使いまくる藩用族

この間、ある週刊誌に、

「中間管理職が、トップから権限を任されていると感ずるのは、どういう時か？」

というテーマで、企業の中間管理職の座談会を開いた記事が載っていた。司会者の質問で、何によって権限を任されていると思うか、という質問に対し、出席者全員が異口同音に、

「それは、交際費の枠をもっと広げてもらうことだ」

と答えていた。

これには笑った。が、当の中間管理職にすれば、切実な問題であるに違いない。今、「異業種交流」などということがしきりにいわれている。客側のニーズが多様化してしまったために、自分のところだけで仕事が間に合わなくなり、違う職場だけでなく、場合によっては他企業との交流を図らなければ、企業が存立できなくなっているからだ。いってみれば、〝タテ〟社会であった日本の企業社会が、どんどん〝ヨコ〟化しているということだ。

幕末も同じだった。幕末の政局は、京都でまわっていた。それは、今までないがしろにされてきた天皇や、公家たちの権威が再び「京都朝廷」として、光を浴び始めたからである。幕府をはじめ、各大名も、争って京都に支店を設けたし、また、志士と呼ばれる浪人たちも、どんどん京都に入り込んできた。学者も来た。詩人も来た。芸術家も来た。京都は、新しく流入してきた人々によって、興奮のるつぼに変わった。

こうして、京都に入ってきた連中が行ったのは、なんといっても「情報の収集」である。各大名家から京都にきている連中は「公用人」と呼ばれた。いってみれば、各大名家（藩）の京都支店長なのだ。この京都支店長をはじめ各藩の京都屋敷に勤める連中を「藩用族」と呼んだのは、故大宅《おおや》壮一氏である。現代の「社用族」にひっかけたのだ。つまり、会社の金を交際費として使って、会社のための情報を集め、判断し、それを必要なセクションやトップに報告する仕事をしている連中だ。

幕末の政局は、この藩用族によってまわっていたといっていいだろう。そして、この藩用族たちがしきりに出入りしたのが、京都の遊郭（花街）である。しかし、なぜ京都の遊郭や花街が情報収集の場所として選ばれたのだろうか？

京都に集まった志士たちは、

「京洛は半ばみな妓院（女の店）」

と目を見張った。しかし、男本来の遊び好きの心が、京都に集まった男たちをいっせいに遊郭に足を向けさせたわけではあるまい。目的に適合するような何らかの機能があったはずだ。機能というのは、目的を達成させてくれる条件が揃っているということだ。この頃、京都に集まった藩用族や志士たちの求める条件というのは、いったい何だろう。

○情報が得られること。

○秘密が守れること。
○安全であること。
○情報の提供者に容易に会えること。
○情報が正確であり、ガセネタでないこと。
などであろう。その意味では、京都の遊郭は、ほとんどこの条件を満たしていた。たとえば、祇園は八坂《やさか》神社の神領だ。役人もうかつに手が出せない。いってみれば、治外法権の土地である。藩用族はともかく、脱藩者や、浪士たちが逃げ込むアジトとして格好の場所だった。島原もまた大遊郭であり、一種の治外法権の地だ。ここは、金だけが支配者であって、金のない人間は出入りできない。

このへんを、もう少しくわしく整理すると、京都には今でもそうだが、一種の不文律がある。不文律というのは、京都の店が守っているルールである。あるいはマニュアルといってもいい。どういうことかといえば、現在でも、京都に行って、ちょっとした店に入ろうと思ったら、必ず紹介者が必要だ。いわゆる〝一見《いちげん》〟の客は敬遠される。行けば必ず、

「今、いっぱいどす」

と断られる。店の中を見回して、だれもいなくても、そう断られる。怒って、

「だって、だれもいないじゃないか？」

と食ってかかったところで、

「予約のお客さんで満員どす」

といわれるのが関の山だ。これは、いったいどういうところから生まれてきたルールだろうか。おそらく、京都というところは、古い時代から次々と支配者が変わった。いろいろなところから人が入り込んできた。中には、悪いやつもいて、京都の人々をだますやつもいたのだろう。そこで、京都の人たちは非常に警戒心が強くなった。

「フリ（一見《いちげん》）の客は、まず断ろう」

という考えが生まれたのは、いってみれば京都という土地を防衛するために、京都の人々が生み出した生活の知恵だといっていいだろう。

京都花街の女の論理

幕末も同じだった。遊郭は、〝容れもの〟と〝中身〟とで成立していた。容れも

のというのは店だ。中身というのは女である。この店にも女にも、それぞれ論理があった。「店の論理」と「女の論理」である。その論理は、独特の見識によって作られていた。たとえば、前に書いた、現代に通ずる「一見《いちげん》の客はお断り」というのもその一つだ。


それでは、女の論理というのはどういうものだろうか。ひとことでいえば、

「なじみには、操《みさお》を立てる」

ということである。操を立てるということはなにも、その相手以外とセックスをしない、ということだけではない。あらゆることについて、面倒を見、また秘密を守る。したがって、京都における現地妻のように尽くすということだ。浮気は絶対にしないし、その男本位に生き抜く。したがって、

「あの女は、あの男とデキている」

という噂をたてられたら、その噂を大切にするということである。みんながそう見ている以上、ほかの男と浮気をしたり、あるいはほかの男の世話をしたりすることは絶対に許されない。そんなことをすれば、京都の遊郭から村八分にされてしまう。これが、女の論理である。

では、こういう操を立てる女たちに対して、相手となる客としての求められる条件とはどういうものだったろうか。それは、圧倒的に、

「金を使う」

ということだ。金がなければ京都では相手にされなかった。どんなにいい男であり、女が惚れても、金がないということは、基本的に遊郭に出入りできる条件を欠くということになる。したがって、どんなに恋い焦がれても、女の側では金のない男は相手にしなかった。そうなると、対象が絞られてくる。交際費をザブザブ使えるような相手でないと、愛人にすることもできない。つまり、女側が用意している「操を立てる」ことが不可能になるのだ。

京都で情報を得ようとすることは、そのまま潤沢に資金を持っていなければだめだということになる。

「情報は金で買うものだ」

と、今ごろになってようやくいわれるが、こんなことは幕末の京都では日常茶飯事だった。とにかく、「金がなければ、情報は得られない」のである。

しかし、だからといって、幕末の藩用族たちは、単に情報を得ることだけにしゃ

かりきになっていたわけではない。結構、風流心も持っていた。たとえば、桂小五郎と幾松《いくまつ》との仲は有名だが、桂は幾松の膝枕でこんな都々逸《どどいつ》を作っている。

きれてくれろとやわらかに
真わたで首の　この意見
八千八声のほととぎす
血を吐くよりもなおつらい

また、同じ長州藩の高杉晋作も、

三千世界の烏を殺し
ぬしと朝寝がしてみたい

と唄っている。なかなか粋《いき》な唄だ。こういうように、京都の遊郭に出入りする男たちも、風流心を持っていなければならなかった。確かに金は必要だったが、ただ金だけ使っても、女からばかにされる。

「ヤボなお人や」

と笑われる。

桂や高杉だけでなく、この頃、京都で女と浮き名を流した志士はたくさんいる。

このカップルを挙げてみると、高杉晋作は馬関（下関）の芸者おうののほかに、祇園井筒の芸者ふりかがいたし、久坂玄瑞は桔《き》梗《きょう》屋のお辰との仲が有名だ。また、島村屋の君尾は最初は井上聞多（馨）と親しみ、後に品川弥二郎に惚れ込む。山県狂介（有朋）は、下関では大坂屋の女将お鶴とでき、京都では祇園の舞子小蘭や小美勇を愛した。伊藤俊輔（博文）は、馬関稲荷町いろはのお梅である。大久保一蔵（利通）は、京都の万亭の養女お勇とでき、子供を七人も生ませている。

　およそ女とは縁のなさそうな西郷隆盛も、実際は盛んだった。彼は大きな女が好きだったという。奈良富の仲居お虎とできていたのは有名だ。その後、井筒の仲居でお末という大女にいろいろちょっかいを出したが、結局、振られてしまった。土佐の後藤象二郎は、先《ぽん》斗《と》町の芸子小仲と深い仲だった。坂本龍馬の愛人で、後に結婚するお龍が、京都の女性だったことはいうまでもない。

　こういうように、有名なカップルがたくさんできた。しかし、有名でないカップルももっと多くあった。そして、彼らが一様に遊郭に出入りした目的は、あくまでも「情報の収集」と「政治的な密約の締結」である。そういう意味からいうと、幕末の政局を動かしていたのは、京都に集まった男たちだけではなく、遊郭の女たちもかなり寄与しているといっていい。その貢献度は大変なものだった。

これが、明治になってから、東京に移り、東京の新橋や、赤坂や、築地などの遊郭や花街が、政治家たちの集まる場所に発展する。それまでの江戸の花街は、あまりそういう風習はなかった。江戸の遊郭や花街は、あくまでも粋《すい》を重んじたから、政治などというヤボな話をする人間はあまり来なかったし、また来ても、そんな話はしなかった。だから、東京の遊郭や花街で政治の話がされるようになったのは、幕末に京都で散々道楽をしていた藩用族が持ち込んだ風習だといっていいだろう。

しかし、それにしても、ではなぜ京都の女たちが、これほど他国からきた男たちに「操を立てた」のだろうか。彼女たちの好意も命懸けである。命を的《まと》に男のために尽くすということは容易なことではない。幕末に、京都に入り込んできた男たちのどこに惚れたのだろうか?

維新の主役は〝係長〟クラス

このことを考えるひとつのきっかけは、幕末の志士たちは、藩用族といわず、脱藩者といわず、あるいは浪士も含め、すべてその階層がひとことでいえば「係長クラス」だったことである。あまり偉い人は遊郭に出入りしていない。つまり、あまり身分の高い人たちは情報の提供者でもなければ、収集者でもなかった。この頃、夢中になって情報を集め、政局の推移について論議し、侃々諤々《かんかんがくがく》、喧々囂々《けんけんごうごう》と口から泡を飛ばしていたのは、ほとんど係長クラスである。具体的にいえば、薩摩の西郷や大久保も、あるいは長州の桂や高杉や伊藤や久坂や井上も、土佐の中岡慎太郎や、武市半平太なども係長級だ。

このことは、なにも志士側だけではない。彼らをねずみのように追いまわした、たとえば新撰組の三大スターも同じだ。近藤勇、土方歳三、沖田総司なども、多摩の農民武士出身で、いってみれば会社の係長クラスだ。

では、なぜこの「係長クラス」の男たちに、京都の女たちが惚れたのだろうか？　それは、なんといっても、女たちがけっして幸福ではなかったからである。みんな、金で売られ、金によって買われる存在だったからだ。そういう立場に身を置いて、幸せであるはずがない。女たちの心の地下水脈には、脈々と、そういう不幸な思いが流れていた。

こういう苦しみや悲しみをよく理解するのは、なんといっても組織のトップではない。お偉いさんではない。お偉いさんは、雲の上にいたり、あるいはビルのてっぺんに大きな部屋を構えているから、路上をゴキブリのように這いまわる民衆の悩みというのは絶対にわからない。そこへいくと、組織の係長クラスは、自分たちが苦労しているから、下の者の気持ちがよくわかる。その意味では、彼らはすぐれて、

「現実性を持っていた」

といえる。同時にまた、世の中の弱い者や苦しむ者のために、深い同情心を持っていた。それはひっくりかえせば、

「どうすれば、この世の中から、そういう人間の悲しみや苦しみを追い払うことができるか」

ということを真剣に考えていたということだ。

ぴったりする例ではないかもしれないが、昭和十一年（一九三六）の二・二六事件の下士官クラスが、遊びに行く遊郭の女たちの苦しみを見て、決起する気を起こしたという。つまり、その頃の東京の遊郭で働く女たちは、ほとんどが東北の貧しい農村の出身であり、家の生活を少しでも楽にするために進んで身を売り、稼いだ金を家に仕送りしていたのだ。そういう実態を見て、下士官たちは怒った。

「政府の高級官僚たちは、自分たちだけぜいたくな暮らしをしていて、こういう民衆をかえりみない。粛清すべきだ」

という気持ちが、あの反乱事件を起こさせたのだ。

これに少し似ているところがある。だから、初めのうちは薩州の薩摩芋《さつまいも》だの、長州の田舎侍《いなかざむらい》だのと呼んで、京都に入ってきた藩用族をばかにしていた女たちも、次第に彼らと付き合ううちに彼らの心情がわかってきた。彼らは一様に、

「万民の苦しみをなくすために、徳川幕府を倒そう」

と考えていた。そして、そのことを実現するために命懸けで戦っていた。これに心うたれた女たちも、自分たちの心情をあからさまに出した。だから、京都の政局は、男と女の心情と心情の相乗効果によって動いていたといっていいだろう。

が、時代が変わるとルールも変わる。京都ではどうか知らないが、東京のほうでは、こういうプロフェッショナル女性が、指を三本握られたからといって、やがてそのことを天下に発表する。こういうことは、幕末では考えられない。こんなことになると、男たちが情報収集のために求めた条件の「秘密」や「安全」がみんな破壊されてしまう。これも世の移り変わりでどうすることもできないのかもしれない。

あとがき

TBSで、子母澤寛先生の『新選組始末記』を脚色したことがある。テーマソングは三橋美智也さんが歌った。

〽葵の花に吹く　時代の嵐
乱れて騒ぐ　京の空
誠の旗に　集いつつ
振るう剣は　雲を斬る

酒に酔うと、いまだに暗い夜道でくちずさむ。お化け番組で、ふつう年間ドラマは五十二回なのだが、この時はスポンサーが三回延長する、という異例な措置がとられた。最終回の視聴率は五十パーセントを越えたときいた。なぜ新撰組にそれほど人気があったのか、いまだにわからない。昭和三十年代後半の

ことだ。ぼくも若かった。狭い家の三疊間を仕事部屋にしていたが、入口の柱に、

「新撰組屯所」

と書いた札を打ちつけていた。ひまさえあれば近藤・土方・沖田の故郷である多摩川流域を訪ねた。

とくに東京都立日野高校の向かい側にある石田寺には、土方歳三の墓があるのでよく行った。寺の住職が温かいお人柄で、正門や本堂の前を通らずに、つまり気がねせずに土方の墓に行けるように、日野高校側の寺の塀の一部をワザワザ裂いて下さった。土方ファンは、まっすぐ〝歳さん〟の墓にお詣りできる心づかいである。

新撰組ファン、それも土方と沖田には中学三年から高校二年までの少女が多い。高三になると進学の問題があり、新撰組どころではなくなるのだろう。

いつ行っても土方の墓前には二、三人のこういう少女がいる。遠くから訪ねてくるひとは、たいてい京王線の高幡不動駅を利用する。ある日、土方の墓の前にいた少女たちと、高幡不動駅までいっしょに歩いた。

「ずいぶん長いこと土方のお墓と話していたね」

ぼくはきいた。うんと少女たちは笑う。

「なにを話していたの？」

「親や友達にいえないこと」

「え、きみたち、友達じゃないの？」

こんな遠くまでいっしょにくるのだから、テッキリ友達同士だと思っていた。ところが親友だけどそこまでの仲ではないという。そして、

「だけど歳さんだけには話せるの」

歳さんときた。思わず（こういう子の親になったらどんな気持になるだろう）と感じた。しかしぼくの経験では、新撰組を愛する若い人に悪い人間はいない。みんな純粋だ。それぞれ〝誠（まこと）〟を持っている。

この本に集めたのは、新撰組おタクであるぼくの、いわば「新撰組の原点」的なものだ。だから、

「新撰組の核に触れるもの」

ばかりだ。新撰組の撰は選とも書かれる。子母澤先生にうかがったら「どっ

ちでもいい」といわれた。ぼくは緊張感があるという意味で「撰」を使っている。

かれらが愛用していたダンダラ羽織は、番組終了の時に、局の衣裳係からもらっていまも大切にしている。時々着てはウヒヒとひとりで悦に入っている。新撰組はいまもぼくの青春なのだ。

二〇〇三年九月

童門冬二

この本は『幕末私設機動隊』（KKベストセラーズ刊）から抜粋した作品に、「新撰組の行動原理とは何か」（「歴史と旅」掲載）、「江戸の町道場」（「歴史と人物」掲載）、「花街政治事情」を新たに加えたものです。（編集部）

人物文庫

新撰組の光と影　幕末を駆け抜けた男達

二〇〇三年一〇月二〇日［初版発行］

著者――童門冬二
発行者――光行淳子
発行所――株式会社学陽書房
東京都千代田区飯田橋一-九-三　〒一〇二-〇〇七二
〈営業部〉電話＝〇三-三二六一-一一一一
FAX＝〇三-五二一一-三三〇〇
〈編集部〉電話＝〇三-三二六一-一一一二
振替＝〇〇一七〇-四-八四二四〇

フォーマット・デザイン――川畑博昭
印刷・製本――錦明印刷株式会社

ISBN4-313-75169-6　C0195